阿部由延
@sald_ra

AI Tuber を作ってみたら プロンプトエンジニアリング がよくわかった件

日経BP

Contents
もくじ

Chapter 1
LLMとAIキャラクター —————————— 9
- LLMを使ったプログラミングの勉強に向く ………………………… 13
- プログラミングスキルと開発の準備 ………………………………… 16

Chapter 2
AITuberのための
プロンプトエンジニアリング ——————— 23
- ①Zero-Shot Learning ……………………………………………… 25
- ②Few-Shot Learning ……………………………………………… 27
- ③Chain-of Thought Prompting ………………………………… 30
- ④Prompt Chaining ………………………………………………… 32
- ⑤Role Prompting …………………………………………………… 36
- ⑥RAG …………………………………………………………………… 39

Chapter 3

AIキャラクターを設計する —————— 43

- AIキャラクターのプロフィールを作る ……………… 47
- その子の特性を考える ……………………………… 49
  - やさしく落ち着いていて感受性が強い 49
  - 本を読むのが好き、体を動かすのは苦手 51
  - 自分の類推をLLMに評価してもらう 52
  - LLMの評価を深掘りする 54
  - LLMにもキャラクター像を類推させる 57
- キャラクターを取り巻く周りの環境を作る ……………… 62

Chapter 4

Xのツイートを生成する —————— 65

  - つぶやく内容のサンプルを作る 66
- LLMによるチートの作成 ……………………………… 67
  - LLMに生成させる関数を作る 72
  - ポスト作成用にシステムプロンプトを整える 75
  - ポスト作成をプログラムでテストする 77
- **コラム** どのLLMでも基本的には同じ考えでプログラミングできる ………… 80

Chapter 5

Xにポストするプログラムを作る ── 83
- つぶやくテーマを作成する　　84
- テーマからつぶやきを出力する　　86
- XのBotを作成する……………………………………………………88

Chapter 6

日記を生成する ── 103
- キャラクターの一日を想像する……………………………………104
- 一日の出来事を生成………………………………………………109
  - 出来事を生成するコードで動作を確認する　　112
- 生成した出来事から日記を作成…………………………………116
  - 日記を生成するプロンプトを作る　　119
  - 日記を作るプログラムでプロンプトを検証する　　122
  - プログラムで出来事と日記を自動生成する　　126

Chapter 7

ブログで日記を公開するプログラムを作る ── 129
- ブログに投稿する準備……………………………………………130
  - ブログとの疎通をテストする　　134
- ブログに投稿するプログラム……………………………………139
  - 投稿する記事を動的に編集する　　141
  - 日記作成・投稿システムとして統合する　　144

Chapter 8

YouTubeコメントへの返答を作る —— 153

- アカウントの用意と配信用ツールの準備 …………………………… 155
  - 仮想マイクと配信ソフトを用意する　　　157
- 配信画面の作成 ……………………………………………………… 161
  - 配信画像をソースに読み込む　　　163
  - 音声データを受け取れるように設定する　　　166
- キャラクターが「しゃべる」機能 …………………………………… 170
  - チャットへの応答と自発的な発言を作る　　　173
  - YouTube発言用のプロンプトを作る　　　174
  - LLMの出力を配信ソフトに反映する　　　176
  - 音声データをサウンドデバイスに出力する　　　179
  - テキストから合成音声を生成する　　　182
- すべての機能を統合するプログラムを作る ………………………… 188
- YouTubeでライブ配信 ……………………………………………… 192

- あとがき …………………………………………………………………… 198
- さくいん …………………………………………………………………… 202

Chapter
1

LLMとAIキャラクター

ChatGPTの登場とともに生成AIが急速に注目を集めるようになったのが、2023年に入ったころ。まだ2年も経っていませんが、さまざまなシステムに生成AIが導入されるようになり、確実に社会への実装が進んでいます。

　たとえば、Google検索。キーワードに「LLMとは」と質問するかのように入力すると、Googleが開発したAIであるGeminiが、その質問について端的に答えてくれます。

図1-1　「LLMとは」と入力してGoogle検索したところ

　これは、Googleの「AIによる概要」という機能です。以前はキーワードと関連性があるWebページを、関連性が高い順にリストアップするのが検索結果でした。ところが現在では、「LLMとは」といった質問を投げかけると、AIがWeb上の情報を集約して、わかりやすくまとめてくれるようになりました。これはGoogleに限らず、他のWeb検索サービスでも当たり前になりつつあります。たとえばMicrosoftのBingでは、「ディープ検索」という機能があります。「LLMとは」と検索すると「LLMの基本情報」「LLMの応用例」といったように、検索側が知りたがっていそうなポイントを先にリストにして、ユーザーがそれを選ぶことができます。この仕組みにより、検索結果がユーザーにとって最適化されるようになっています。

AIの実装はパソコンやスマートフォンだけではありません。たとえば、広告です。駅にある広告がデジタルサイネージを見たことのある人も多いのではないでしょうか。従来の写真や絵で表現された広告とは異なり、動的に表示が切り替わったり、動画でモノやサービスをアピールしたり。そこにもAIを用いたキャラクターが登場しています。その最も先駆的存在が「AIさくらさん」。ティファナ・ドットコムが開発したAIキャラクターです。AIさくらさんを見掛けたことのある人もいるでしょう。

　また、ショールームの案内を、バーチャルなAIキャラクターが担当し、来場客と対話しながら商品の説明などの応対をするといったことを始める会社も現れています。

　また、AIキャラクターがYouTuberを行う例も増えています。以前は、配信者本人が画面に登場するようにして、動画や配信を行う「YouTuber」が主流だったのに対し、この数年で2次元もしくは3次元CGキャラが配信を行う「VTuber」という形態もすっかり一般的になり、人気を獲得しています。それがさらに進んだ形となり、AIにVTuberをさせてしまおうという試みが「AITuber」です。「AI VTuber」という呼称もありますが、本書ではAITuberと呼ぶことにします。

　そんなAITuberが、YouTube配信の枠を飛び出し、製品のアンバサダーになったりといった、ビジネス用途の事例も増えてきています。このように、日常に生成AIやAITuberはどんどん溶け込んで来ています。

図1-2　Pictoriaが開発したAIキャラクターの「紡ネン」。こうしたAIキャラクターをビジネスで利用するケースが急増している

　僕自身、AITuberを作り始めてから今までを振り返ってみると、ずいぶん日常に生成AIやキャラクターが溶け込んできているなと実感しています。僕にとって生成AIの登場というイベントは、プログラミングの支援や業務効率のアップという点で大きな意味があったのはもちろんですが、何より自分にとって生成AIが身近になったのが、「AITuberを自分で作り始めた」ときです。これが生成AIという新しい技術に取り組むきっかけになったのは間違いありません。

　僕がAITuber開発を始めたのが2022年の1月中旬でした。なので、執筆時点でもうすぐ2年が経とうとしています。当時は今ほど環境が整っていなかったし、情報も十分ではなかったので、試行錯誤しながら自分なりに工夫していました。

　そんな中で開発が一気にはかどるようになった契機が、GPT 3.5のAPI公開でした。ChatGPTを提供していたOpenAIが、それをAPIとして提供したことで、世の中が大騒ぎになったのは皆さんも記憶に新しいと思います。もちろんAITuberも大きな影響を受けました。誰でも簡単に、そして安価にLLMを利用できるようになったため、格段にAITuberの作成コストが下がりました。それを

受けてAITuberを作って楽しむ人も確実に増えてきています。

　AITuberのいいところは、自分で考えたキャラクターがLLMによって生命を持ったかのように話し出すのを、自分で実装できることです。「こんな子がいてくれたらな」という理想のキャラクターが、自分の言葉でおしゃべりしたり、僕の話を聞いて笑ってくれる。それを自分で作り出せるのは夢のある話だと思いませんか？ そして、それは本当に意外と簡単に実現できます。

LLMを使ったプログラミングの勉強に向く

　その点で、「生成AIを利用するアプリケーションについて楽しんで勉強したい」と思っている人にAITuberはぴったりです。ある程度、プログラミング、とりわけPythonについてわかっている人という条件付きではありますが、LLMを利用する機能を組み込んだプログラムを作りたいのであれば、AITuberは絶好の題材です。APIを利用する機能のコーディングを学ぶだけでなく、LLMが生成したデータをどのようにプログラム間で受け渡し、最終的にユーザーに示すか、その実装例として本書をご利用いただければと思います。

　また、プログラミングを勉強し始めたのはいいけれど、入門段階を終えて次にどうやってスキルアップをしていこうか悩んでいるという人にもAITuberはおススメです。文法的には、入門書で悩んだ基本でほとんどのコードは記述できます。Pythonにおけるクラスとオブジェクトについてはある程度理解できているほうがコードを理解しやすいとは思いますが、AITuberをとっかかりに学びを深めていくこともできると思います。

　何よりAITuberは、小さく始めることができるため、誰でもやってみることができます。段階を踏んでプログラムが組み上がって

いく様子がとてもわかりやすく、何がゴールなのか、どういうものができあがるのかも、最初からイメージして開発していくことができます。そうして楽しくスキルを高めることができる。それはAITuberの強みだと思います。

　そう思って、僕は昨年（2023年）に『AITuberを作ってみたら生成AIプログラミングがよくわかった件』を書き下ろしました。この本では、1冊まるまる使ってYouTubeでAIキャラクターが視聴者（ユーザー）のコメントに対して、返事をするように対話するための機能と、それを実装したプログラムについて紹介しました。ただ、YouTubeでの配信まですべて解説するというところにこだわったので、結果としてAIキャラクターを作り込むところをじっくりとは説明できなかったことを残念に思っていました。

　そこで本書では、AIキャラクターをどう設計するかにフォーカスすることにしました。それがChapter 3です。それにはLLMの力が欠かせません。ビジネスでよく使うような「このテキストを要約して」といったプロンプトでは、思った通りのキャラクターを作ることはできません。要約であれば、「テキストを要約する」という明確なタスクになっているので、LLMにしてみればお手の物です。でも、LLMは皆さんの頭の中にあるキャラクターがどんなものか、まったく知りません。LLMは皆さんの頭の中にあるキャラクターが、どのような考え方をして、どのような口ぐせがあって、どんなところに住んでいるかをまったく知らないからです。そのため、ただ「僕の好きなタイプの大人しい子のセリフを生成して」というだけでは、残念ながら満足したクオリティのものはできないでしょう。本書では、ゼロからキャラクターを作るにはどうすればいいのか、どのようなプロンプトを作ってLLMに入力すればいいのか、そのプロセスを紹介します。その中で、LLMに何を求めて、どのようにプロンプトを投げていくのか、考え方とプロンプトの煮詰め方をご紹介します。

　このようにLLMに満足のいく出力をしてもらうためには、プロンプトエンジニアリングが欠かせません。Chapter 2では、AIキャラ

クターの設計とその後の実装の中で必要なプロンプトエンジニアリングの技法、本書では直接使わないまでも、技法としてプロンプトエンジニアリングの基本となる部分についてまとめました。自分でAIキャラクターを作ったり、あるいは別の用途でLLMを使ったりといったケースで、うまく行かないと感じたときには必須の知識となります。

　AIキャラクターを作ったら、次にAIキャラクターに発信させてみましょう。AIキャラクターを作るというのは、その人の人格と周辺環境、すなわち人となりを作ることに他なりません。人間であれば、その人は自分のキャラクターに基づき、Xでつぶやくこともあるだろうし、ブログに日記を書くこともあるだろうし、YouTubeで配信することもあるでしょう。同じ人がさまざまな媒体を通じて発信しています。

　それはAIキャラクターについても同じことです。本書はとっかかりがAITuberではありますが、AIキャラクターを作ったのであれば、そのキャラクターがライブ配信だけでなく、つぶやきをポストすることもあれば、ブログを書くこともあるでしょう。そこで、Chapter4以降では、Chapter3で作ったAIキャラクターができることを増やしていきます。Chapter4および5ではXにポストができるようになり、Chapter6および7で日記を書いてブログに投稿できるようになります。それぞれ前半と後半の2章構成になっており、前半でプロンプトをどう書くか、つまりXでのポストでは、何をテーマにどういったことをつぶやかせるのか。日記だったら、どういう出来事が起こり得て、それに対して何をどのように書くか。設計したAIキャラクターの人となりと矛盾のないよう、どのようにプロンプトを修正していくかについて解説します。後半では、それぞれLLMの出力をどのようにXおよびブログに書き込むプログラムにまとめるかについて解説しました。

　最後のChapter8では、AITuberを取り上げます。ここまでで作り上げてきたAIキャラクターがライブ配信を実現するには、LLM、音声合成、配信ソフト、YouTubeとの連携が必要になります。それ

をどのように実装し、完全自動化したAIキャラクターがライブ配信するためにまとめたプログラムをご紹介します。

　ぜひ本書でLLMを活用するためのプロンプトの作り方、出力を生かすプログラミングについて、楽しみながら学んでください。今はAITuberを作って楽しむが目的かもしれませんが、本章冒頭で紹介したとおり、AIキャラクターはビジネス分野にも進出し始めています。楽しみながら生成AIプログラミングのスキルを蓄えていけば、それを仕事にできる日も来るかもしれませんね。

プログラミングスキルと開発の準備

　ここからは、次章から始まる生成AIプログラミングのために必要な準備をしていきましょう。

　まず、本書はある程度Pythonプログラミングについて理解している人を主な対象にしています。本書で取り上げるプログラムの理解には、文法的にはそれほど高度な知識を必要としないのは確かですが、基本的なプログラミングの知識は必須です。本書ではプログラミング言語としてPythonを採用しました。もちろん他の言語でもできるのですが、今後LLMを用いたプログラムを作るとしたときに最も使う可能性が高い言語は、ライブラリが充実しているPythonになると思います。Pythonの基本文法の解説は本書では行いません。このため、Pythonの基礎文法はわかっているのが望ましいと思います。プログラミングが初めてという人には難しい内容かもしれません。

　ある程度はPythonプログラミングの経験があるということならば、それぞれお手元で開発環境も整えていることと思います。本書では、特定の開発環境に依存しないよう解説しています。使い慣れたツールでプログラミングしてください。

本書で取り上げたプログラムは、Windows 11を搭載したパソコンで、Python 3.11.9で開発しました。動作を確認する際の参考にしてください。

　本書ではさまざまな配信用のツール類を利用します。それは必要なところで、そのつど入手や導入について説明しています。本文を読みながら導入してください。

　なお、YouTube配信の際に使う背景画像などは、読者限定で本書のWebページで提供しています。URLは

https://nkbp.jp/071098

です。開いたページ上に、画像ダウンロードページへのリンクを設けてあるので、そこから入手してください。本書に掲載したサンプルプログラムも上記のページでご案内しています。

　最後に、開発上の注意点についてご説明しておきます。本書では、LLMを外部プログラムから利用する際に必要となるAPI keyなど、利用者固有の情報を利用します。こうした情報が流出すると、自分のアカウントでAPIを勝手に使われてしまうばかりか、場合によっては課金されてしまうことがあります。

　こうした情報はプログラムの実行時に必要となりますが、直接プログラムに記述するのは危険です。本書ではあくまで個人でプログラムを開発するという想定をしていますが、いつどのようなときにそのプログラムを他人に見せたり、共同で機能強化していったりといった機会があるかわかりません。そういったときのために環境変数に格納する方法をご紹介します。これは、API keyのような情報を別ファイルに保存しておき、プログラム側では環境変数として扱う方法です。こうすることで、プログラム内に直接記述しなくても、別ファイルからそのつど必要な情報を読み出すという動作になります。これにより、プログラム単体ならば他人の目に触れたとしても重要な情報は隠しておくことができます。

　本書では、OpenAIのAPIを使います。そこで、OpenAIのAPI keyを例に、環境変数の保存方法を紹介します。

すでに、OpenAIのAPI keyを使ったことのある人は、API Keyの取得までは飛ばしてかまいません。まずWebブラウザーで

https://platform.openai.com/

を開き、OpenAIのアカウントでサインインします。すると開発者向けのWebページが開くので、画面右上のアカウントのボタンをクリックし、開いたメニューからYour profileを選びます。

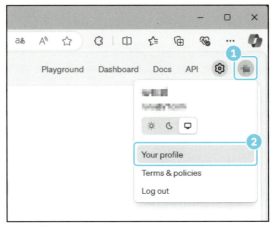

図1-3　開発者向けページを開き、アカウントのボタンから
　　　　Your profileを選ぶ（❶❷）

　Your profileページが開いたら、User API keysタブに切り替えます。初めてAPI keyを作る場合は、Start verificationボタンをクリックして、SMSを使ってユーザー認証をします。

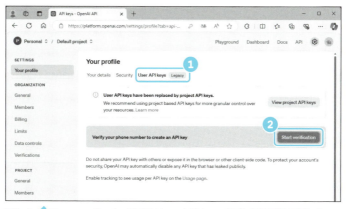

図1-4 Your profileページではUser API keysタブに切り替え（❶）、Start verificationボタンをクリックする（❷）

　この認証については、画面の指示に従って進めてください。

　このページにはCreate new secret keyボタンが用意されていますが、未認証の段階ではボタンが有効になっていません。認証をパスすると、このボタンを押すことでkeyを作成できます。

　Save your key画面が表示されたら、Copyボタンをクリックして API keyをクリップボードにコピーします。

図1-5 API keyが表示されるので、Copyボタンをクリックする

　次に、テキストエディタや開発環境のコードエディタを開き

019

```
OPENAI_API_KEY=
```

と入力します。この＝に続けて、コピーしたAPI keyを貼り付けます。つまり

```
OPENAI_API_KEY="sk- ………（コピーした文字列）"
```

となるわけです。

これを「.env」という拡張子のみのファイル名で、以降のプログラムを保存するのと、同じフォルダに保存します。

次に、開発環境のターミナルもしくはWindows PowerShellなどのプロンプトから

```
pip install python-dotenv
```

を実行し、python-dotenvをインストールします。これで、プログラムから環境変数を使ってOpenAIのAPIキーを利用できるようになりました。

本書ではこのほか、X、配信ソフト、YouTubeなどで同様の鍵を使います。その取得については、それぞれ必要になったところで説明します。環境変数の記述については、OpenAIのAPI keyと同様に、.envファイルに追記していってください。

また、本書では外部ライブラリとして

- pydantic
- openai
- requests
- obsws_python
- sounddevice
- feedparser
- tweepy

● pytchat

を利用します。導入していないライブラリがあったら、python-dotenvと同様の手順でインストールしておいてください。

Chapter

AITuberのための
プロンプトエンジニアリング

LLM（大規模言語モデル）を使ったプロダクトを作るには、プロンプトエンジニアリングが大事になってきます。プロンプトエンジニアリングとは、AIモデルに対する指示や質問を最適化し、望ましい出力を得るための技術や方法論のことです。これは単なる質問の仕方というわけではなく、AIの能力を特定のタスクに合わせて調整するための方法だとイメージしてください。

　プロンプトエンジニアリングへの理解を深め、適切なタイミングで活用することで、LLMから必要に応じて一貫性のある出力を取得したり、多様な出力を得たりすることができます。

　プロンプトエンジニアリングが重要になってくる例を挙げてみます。たとえばLLMは「どのように出力するべきか」という詳細な指示がないと、出力が変わってしまいます。そこで「こういう風に出力するんだよ」というような指示を事前にいくつか渡すことで、統一された形式で出力することができます。この手法をFew-Shotといいます。

　このように、プロンプトエンジニアリングは、AIを活用したアプリケーションやサービスの開発において、かなり重要な役割を果たします。プロンプトエンジニアリングを用いることで、特定の役割や視点からの回答の生成、外部情報の活用などがしやすくなります。

　この分野には様々な技術や手法がありますが、本書では主要な6つのアプローチについて詳しく解説していきます。これらの技術を理解し、適切に組み合わせることで、品質の高いAIプロダクトの開発や、既存プロダクトの品質向上が可能になるでしょう。もちろんこれは、AITuber、AIキャラクターを作るうえでも重要です。

　このため、本章ではプロンプトエンジニアリングについてかなり詳細に説明しています。でも、プロンプトエンジニアリングについてくわしくなることが大事なのではありません。必要なのはそれぞれの手法の名前と、どういうことをするのかについて大体のイメージをつかむことです。本章を読んでいて難しいと思った場合は、いったんスキップしてかまいません。以降の章で必要だと思ったタイミ

ングで戻ってくる、あるいは実際に自分のキャラクターを作り込むときにうまくいかないなと感じたときにもう一度本章をじっくり読み直すといった読み方をお薦めします。

　プロンプトエンジニアリングでは、目的に応じてさまざまな手法が開発されてきました。本書では、特に重要な技術についてくわしく見ていきましょう。ここで取り上げるのは、①Zero-Shot Learning、②Few-Shot Learning、③Chain-of-Thought Prompting、④Prompt Chaining、⑤Role Prompting、⑥RAGの6つです。本書でもAIキャラクターを実装する段階で、こうした技術を、場面と目的に応じて使っています。

① Zero-Shot Learning

　Zero-Shot Learning（以下、Zero-Shot）は、大規模言語モデル（LLM）の最も基本となるプロンプトエンジニアリングの1つです。日常生活でたとえると、「初めて訪れた町で目的地までの道を尋ねる」ような状況に似ています。

　たとえば、あなたが初めて降り立った駅で、図書館までの道順を知りたいとします。きっと近くにいる地元の人に「ここから図書館へはどう行けばいいですか？」といったように質問するのではないでしょうか。

　この質問だと、あなたは具体的な、つまり「○○通りを右に曲がって……といったように道順を教えてください」といったような回答例を示していません。でも、ほとんどの場合、相手の人ははあなたの質問の本質を理解し、あなたが地元の人ではないことに配慮して、適切な道順を教えてくれるでしょう。

　Zero-Shot Learningは、これと同じです。AIモデルに具体的な例を示すことなく、直接タスクを実行させるアプローチです。後

述するFew-Shotと違って、事前の準備を必要としないのがZero-Shotのメリットです。たとえば突発的な災害に関するSNSの投稿を、緊急度の高さで分類する必要性が発生したとしましょう。そんなとき、時間をかけて適切な出力を得るためにプロンプトを吟味する時間はなく、早く出力を得るために実装速度のほうが重要になります。多くの場合、このように「プロンプトの品質を上げるためにデータを集めたり、基準を作る時間的余裕が現実にはない」というケースで、出力の精度にはある程度目をつぶる前提でZero-Shotが使われます。また、LLMに対して予断やバイアスを与えないで出力させることを重視するような場合にも有効です。

プロンプトエンジニアリングの観点からは、Zero-Shotは出発点と考えられます。単純なタスクや迅速なプロトタイピングには適しています。

具体的には次のようなプロンプトです。

Prompt ▶

> 次の文章を肯定的な表現に書き換えてください。ただし、内容の事実関係は変更しないでください。

これは、どのような出力を期待しているか、具体的な例を示していないのでZero-Shot Learningのアプローチと言えます。

「ただし、内容の事実関係は変更しないでください。」という条件を付けることで、記載事実を変えずに肯定的に扱いたいというタスクの本質を伝えています。前述の道案内の例で言えば「図書館へどう行けばよいですか？ できれば大きい道を通っていきたいです」と付け加えた感じです。これは「図書館に行くために、わかりやすい道を通る道順を教えてほしい」というタスクの本質を伝えているわけですね。このプロンプトは、AIに特定の例を与えることなくタスクの本質を伝えています。一方で、基本的にZero-Shotは「実装時間に制限がある」とか、「バイアスをかけたくない」といった特別な意図がある場合を除き、他の手法と組み合わせる必要がありま

す。Zero-Shotだけでは出力精度に限界があるからです。たとえば、AIキャラクターの表現などは、どうしても発言例を入れることをが避けられません。「落ち着いたキャラ」と出力条件を指定したとしても、それだけでは三点リーダー（…）を多用するキャラなのか、句読点をていねいに使うキャラなのかは、LLMに伝えられていません。そこを重要視するのであれば、どういう発言をしてほしいのかを定性的に指定することに力を注ぐよりも、10個ほどのキャラの発言例を渡してしまったほうが、高い精度の出力を得られます。

最後に、Zero-shot Learningの要点をまとめておきましょう。

- Zero-Shot Learningは出力例を示さずに指示する方法である
- 出力例を渡せないケースはかなり限定的なため、現実的に時間がないときなどにしか使われない
- 出力例がなくLLMが誤解しやすいため、明確なプロンプトを与えることが重要になる
- もし精度をもっと上げたい場合は、Zero-Shotにこだわるべきではない

こうしたZero-Shotの欠点を補うためのテクニックについては、後でくわしく説明します

② Few-Shot Learning

Few-Shot Learning（フューショット学習、以下Few-Shot）は、ごく少数の例でAIの出力を誘導する技術です。この手法は、AIに期待する出力のパターンや形式を示すのに効果的です。

プロンプトエンジニアリングの観点からは、Few-ShotはZero-Shotの次のステップになるものと考えられます。複雑なタスクや

特定のフォーマットが必要な場合に特に効果的で、AIに期待する出力のパターンや形式を明確に示すことができます。

日常生活でたとえると、Few-Shot Learningは「新しい料理を教わる」ような状況に似ています。

たとえば、あなたが卵を使ったサンドイッチの作り方をLLMに考えてもらおうとしたとき、Zero-Shotの場合は「たまごを使ったサンドイッチを考えてください」と言うだけですが、Few-Shotの場合は以下のように例を示します：

Prompt ▶

サンドイッチの作り方を教えます。以下の例を参考に、新しいサンドイッチを考えてください。
例1：
具材：ハム、チーズ、レタス
手順：パンにマヨネーズを塗り、ハム、チーズ、レタスの順に重ねて挟む

例2：
具材：ツナ、きゅうり、トマト
手順：パンにツナとマヨネーズを混ぜたものを塗り、スライスしたきゅうりとトマトを挟む

では、卵を使ったサンドイッチを考えてください。

こうすることで、例にならってLLMは具材と手順を出力してくれるでしょう。Few-Shot Learningは、提示する例の数によって以下のように細分化されることがあります。

- 1-shot learning …… 1つの例のみを示す
- 3-shot learning …… 3つの例を示す
- 5-shot learning …… 5つの例を示す

LLMに対して示す例の数は通常2〜5個程度が一般的で、タスクの複雑さや要求される精度によって適切な数は変わってきます。

　前述のサンドイッチのプロンプトは、具体的な例を2つ示しているので2-shot learningのアプローチと言えます。先ほど作ったキャラクターの発言例もこのFew-Shotにあたります。Zero-Shotは「実装時間に制限がある場合」に強みを発揮すると説明しましたが、逆に現実的な実装時間、つまり例を考えられる余裕があるのであればFew-Shotは使うべきでしょう。

　この例はあればあるだけいいのですが、例に偏りがあると、出力がそれに引っ張られてしまう点には注意が必要です。たとえばキャラクターの口調を制御するために発言例を考えたとします。このとき、プロンプトで指示する出力例があいさつに偏ってしまうと、結果的に出力もあいさつばかりになってしまうわけです。

　また、タスクが複雑になる場合は他の手法も検討してみましょう。

　たとえば「○○と言われたら敬語に変換してください、△△と言われたら始めのあいさつをしてください、××と言われたら終わりのあいさつをしてください」といった指示をしたいとき、Few-Shotの手法だけですべてをまとめたプロンプトを作るのは得策ではありません。そういったときは、先に言われた内容を分類するタスクを切り出してプロンプトを作り、次に分類内容に応じて応答を決めるタスクへと段階的に進めるといった方法を考えるほうがいい結果が得られます。

Few-Shotについてまとめておきます。

- Few-Shotは少数の例を与えて出力を誘導する方法である
- すでに出力例をいくつか持っているときに特に有効
- 実装時間がないというのでもなければ、Zero-shotではなくFew-Shotを使うべき
- 例示の内容は多様であることが望ましい

③ Chain-of-Thought Prompting

　Chain-of-Thought Prompting（以下、CoT）は、AIが段階的な思考プロセスを重ねるように誘導する手法です。この技術は、複雑な問題解決や推論を必要とするタスクに特に有効で、AIの"思考過程"を可視化することができます。

　具体的に見てみましょう。次のプロンプトは、数学的な問題を解く際にCoTを利用した例です。

> **Prompt** ▶
>
> 次の問題を段階的に解いてください。各ステップで何を行っているか説明してください。
> 問題：1500円の商品を2個購入し、10%の割引が適用されました。さらに、8%の消費税が加算されます。最終的な支払額はいくらですか？
> ステップ1：
> ステップ2：
> ステップ3：
> 最終的な答え：

　このプロンプトは、AIに対して、3段階にステップを分けて答えを求めること。そして各段階それぞれについて説明する、つまり推論過程を出力することを指示しています。これにより、AIは次のような回答をしてくれるはずです。

- ステップ1 …… 商品の合計金額を計算
- ステップ2 …… 割引額を計算し、割引後の金額を求める
- ステップ3 …… 消費税を計算し、最終的な支払額を算出

CoTの特徴は、推論過程をユーザーが確認できるところにあります。これにより、もし望ましくない出力になってしまったときでも、どの段階で問題が発生したかを特定しやすくなるわけです。それに応じてしかるべき段階で中間結果を検証したり、必要に応じて修正を促すプロンプトを追加したりすることができます。

　CoTでは問題の複雑さに応じて、適切な数のステップを指定することが大事です。このときCoT単体だけではなく、Few-Shotと組み合わせることでより効果的なプロンプトを記述できます。

　前述の計算をするプロンプトで、CoTとFew-Shotを組み合わせてみましょう。

Prompt ▶

以下は、数学の文章題を解くための手順です。各ステップに従って問題を解いてください。

例1:
問題: 一つ150円のりんごを3つ買いました。消費税は10%です。支払う金額はいくらですか?

ステップ1: りんごの合計金額を計算する
150円 × 3 = 450円

ステップ2: 消費税を計算する
450円 × 0.10 = 45円

ステップ3: 合計金額を計算する
450円 + 45円 = 495円

最終的な答え: 支払う金額は495円です。

では、以下の問題を同じ方法で解いてください:

問題：1冊1200円の本を2冊と、1本350円のペンを3本購入しました。本は20％オフのセール中で、合計金額が3000円以上の場合は5％の追加割引があります。最後に8％の消費税が加算されます。最終的な支払額はいくらですか？

ステップ1：
ステップ2：
ステップ3：
最終的な答え：

　CoT Promptingは、特に数学、論理的推論、複雑な意思決定プロセスなど、段階的な思考が重要なタスクで威力を発揮します。もちろん、CoTを使ったからといって必ずしもAIが正確な結果を出すわけではありません。ただし、AIの回答の質を向上させることはできます。

④ Prompt Chaining

　Prompt Chaining（プロンプトチェーニング）は、複数のプロンプトを連鎖させて複雑なタスクを段階的に解決する方法です。
　各ステップの出力を次のステップの入力として使用することで、大規模で複雑な問題を管理可能な小さなタスクに分解し、1つずつ解決していくことで複雑な問題を解決しようというアプローチです。前項のCoTがあくまで1つのプロンプトで完結するのに対し、複数のプロンプトを駆使して段階的に処理をしていく点が異なります。
　たとえば、「ユーザーが決めた食材を使ったレシピと、その所要時間と難易度を出力する」というタスクを考えてみましょう。これは

「食材の選定」「レシピの作成」「所要時間と難易度の判断」の3つの
ステップに分解できます。

　この3段階に応じて、まず「食材の選定」はユーザーに選んでも
らいます。その後、「レシピの作成」を出力します。

Prompt ▶

以下の食材を使ったレシピを生成してください: チキン

▶ Output

チキンカレーのレシピ。材料は…(略)

　これでチキンカレーのレシピが出力されました。
次にこのレシピをインプットとして、難易度と所要時間を計算します

Prompt ▶

以下のレシピを参考に、その所要時間と難易度を判断してください。

チキンカレーのレシピ。材料は … (略)

▶ Output

準備（鶏もも肉を切る、玉ねぎをみじん切りにする、にんにくと生姜
をすりおろす）：約10分... (略)

　このように直前の出力を次のプロンプトに組み込みながら、1ス
テップずつ進めていくのがPrompt Chainingです。複雑なタスク
を段階的に処理することで、より正確で詳細な結果を得られるとい
うわけです。
　これにFew-Shotを組み合わせることで、最後に出力を整えるこ
ともできるでしょう。

> **Prompt**

以下のレシピと難易度と所要時間の出力を規定された出力に整えてください。
入力例:(何らかレシピの文章を記述) 出力例:## 題名:肉じゃが \n## 難易度:中 \n所要時間: 約20分（中略）\n入力：(一連の出力で得られたレシピのテキストを記述) \n出力:

> **Output**

チキンカレー \n## 難易度: 中\n所要時間: 約50分...（以下略）

　このように、複数の独立したプロンプトを使用し、各プロンプトの出力を鎖のように次々につなげていくことで、全体としては複雑な処理を実現することができます。また、タスクを分割することにより、分割後の各タスクそれぞれは管理しやすく、思わしくない出力のために前のプロンプトに立ち戻るといったことも容易にできます。これは、各処理が独立していることにより、各出力結果にユーザーが介入できるためです。これがPrompt Chainingの強みでもあります。

　たとえばレシピの例であれば、Few-Shotの例を増やしてレシピを再生成したり、所要時間や難易度を出力後に調整したりしたうえで次のステップに進めることができます。

　一方で、各ステップが独立しているため、不用意な編集や操作ミスなどにより、ステップ間で情報を受け渡す際に元の文脈や重要な詳細が失われる可能性があります。そうなると、当初は指定していたはずの条件や前提情報が失われた出力になってしまいます。具体的にどうなるか、先ほどのカレーの例で見てみましょう。

　この一連のプロンプトを見てみると、最初のプロンプトには「チキンを使ったレシピ」という条件が入っています。でも、2番目のプロンプトでは「チキンを使ったレシピ」という文脈が抜けています。もしこれが「所要時間と難易度を抑えたい場合の代替策」を出力

するタスクだった場合は、代替策として「豚肉のカレーだったら簡単だよ」とLLMは返してきてしまっていたかもしれません。

でも、前提情報として「チキンを使ったレシピ」を継続して示していれば、代替策を求めていた場合でも「カレー粉がなければチキンと野菜のスープにしたらどう？」と提案を得られた可能性があります。プロンプトのチェーンをつないでいる間、致命的な情報の欠落がないかは常に確認する必要があります。

また、各ステップで個別に出力を生成するため、最終結果を得るまでの処理時間が長くなりがちです。この時間的コストは、リアルタイムの応答が求められる場面では弱点となってしまうでしょう。

さらに、Prompt Chainingでは前のステップでのエラーや不適切な出力があっても、ユーザーがそれを見逃して先に進めてしまうというリスクもあります。そうした望ましくない出力が以降のプロンプトに反映されてしまうため、後続のステップに悪影響を及ぼすことになります。これがエラーの連鎖を引き起こし、プログラム自体がクラッシュする可能性もあります。

加えて、ステップ数が増えるほどプロセス全体の管理が複雑になります。このため、どこかで問題が生じていることに気が付いても、どのプロセスに原因があるかの特定や修正が困難になる場合もあり得ます。

こうした課題に対処するためには、各ステップでの結果の確認やエラー処理の実装などが必要になります。

最後に、CoTの要点をまとめておきます。

- 複雑なタスクを分割して推論する方法
- タスクごとに分けたプロンプトを作ることになるため、プロンプトを管理しやすい
- タスクが分かれているため、各タスク間で情報の欠落が起きるリスクがある
- 全体の処理時間が長くなる傾向にある

個人的にはキャラクター作りにおいて、Few-Shotと同じくらいの頻度で使っており、自分としても気に入っている手法です。本書でも、ブログ投稿機能などを実装するときに、CoTを用いています。具体的にどう使っていくのか、ぜひ注目してください。

⑤ Role Prompting

Role Promptingは、AIに特定の役割や性格を与えてタスクを実行させる手法です。これにより、特定の視点や専門知識を持った回答を生成することができます。

この役割がどういうものなのかについては、具体的に見てもらったほうがわかりやすいでしょう。たとえば、以下のようなプロンプトが、役割を与えることを明確に記述したプロンプトです。

Prompt ▶

> あなたは20年以上の経験を持つ熟練した料理人で、ミシュランの星を獲得したイタリアンレストランのシェフです。以下の質問に、料理のプロフェッショナルとして答えてください。
> 質問：トマトソースのコクを出すための秘訣は何ですか？

このプロンプトでは、質問の前に「料理人として回答してください」という役割をLLMに提示しました。こうすることで、LLMに料理に関連する知識や経験を優先的に使用するよう指示できることになります。この場合は「料理のプロフェッショナル」という役割を与えているので、専門性を具体的に伴った秘訣を出力することが期待できます。

Role Promptingの強みはLLMに特定の役割を与えるという形で、ユーザーの意図や期待をAIに明確に伝えられることです。20

年以上の経験があり、評価の高いイタリアンレストランのシェフという役割で、どういう領域でどのレベルの知識を持つかといった説明をすることなく、期待する出力の質や内容を伝えることができています。

この方法で状況設定を明確にすることで、LLMの回答は的確で関連性の高いものになります。その結果、一般的な回答ではなく、役割に沿った出力を得ることができます。

この手法は、特に専門的な知識や特定の視点が必要なタスクにおいて非常に効果的です。具体的には、法律や医療、特定分野の技術的な問題解決など、専門家の視点が重要になる場面で役立ちます。

また、役割は1つとは限りません。複数の役割を持たせることもできます。たとえば、こんなプロンプトも考えられるでしょう。

Prompt ▶

> あなたは熟練の音楽家であり、小説家でもあり、プログラマーでもあります。
> 視覚と聴覚を両方満たす電子本の作成方法を説明してください。

ここまでは職業を軸にしてきましたが、特定のキャラクターや性格を設定することで、豊かで個性的な表現が可能になります。次の例を見てください。

Prompt ▶

> あなたは「ノア」という名前の8歳の子供です。以下の質問に全く料理の知識がない子供として他人の力を借りずに答えてください。知識がなければ想像で答え、その際間違えた答えを出しても問題ありません。
> 質問: アクアパッツァの作り方は?

8歳の子供ということは、ノアはまだ料理の知識がないという前

提をLLMに対して示すことができています。となればアクアパッツァについて知識はほとんどないでしょう。実際の8歳であれば、きっと名前から想像して答えてしまうのではないかと思います。このように役割を与えてあげることで、逆に知識の制限をすることも可能になります。

　注意する必要があるのは、役割をどのように記述するかです。ノア（8歳）の場合はわざと知識がないという役割を与えることで知識の制限をした例ですが、LLMの能力が不十分な場合、役割の与え方によっては指定された役割を適切に維持できなくなることがあります。与えたロールが複雑すぎないか、LLMの性能が十分あるかを確認しつつ、それに応じて調整してください。

　また、与えられたプロンプトからタスクをこなすため、役割だけでは複雑な感情のシミュレートや口調の調整といった細かい調整には限界があります。その場合は、今まで説明したFew-Shotで口調を調整したり、Prompt Chainingを利用して感情や気持ちを適切にシミュレートしたりというように、他の手法と組み合わせることも検討しましょう。

　CoTについても要点をまとめておきましょう。

- 役割に沿った出力ができる
- 一般的、汎用的な出力ではなく、利用者に寄り添った出力を指示できる
- 複雑な感情のシミュレートは難しいので、他の手法との併用で補完する

⑥ RAG

　RAG（Retrieval-Augmented Generation）は、Web上のデータなど外部情報を取得し、それをAIの生成プロセスに組み込む技術です。簡単に言えば、「AIに最新情報を教えながら回答させる」ようなものです。
　RAGの基本的な仕組みは以下の通りです。

① 質問や指示を受け取る
② 関連する外部情報を検索・取得する
③ 取得した情報をAIの知識ベースと組み合わせる
④ 組み合わせた情報を基に回答を生成する

　AIが持つ知識だけをベースに回答を生成するのではなく、関連情報や最新情報も取得させて、その結果も回答の生成に利用させようという手法です。
　RAGの例として、サーチエンジンを用いて外部情報を埋め込んだプロンプトの例を紹介します。これは完全なRAGの例ではなく、あくまで簡易的なものではありますが、RAGの概念を理解するのに役立つと思います。
　たとえば「2024年のお薦めのホラー映画を教えて」という質問に答えてもらおうと思います。この場合、以下の手順で回答を生成します。

① 「2024年に上映されたホラー映画リスト」をGoogleSearch APIで検索し、映画のタイトルと評価のリストを取得する
② LLMに映画リストと「下記のリストからホラー映画のお薦めをまとめて」というプロンプトを渡す

③ LLMは、そのリストをもとに回答を生成する

　1番目の手順である「2024年に上映されたホラーリストの取得」は、LLM自体にやらせるのではなく、ユーザー側のプログラムやシステムが実行します。その結果をプロンプトの中に記述してLLMに渡すことで、LLMに最新または特定の情報を提供することができます。これがRAGの利点です。

　RAGにより、LLMの致命的な欠点を補うことができます。その欠点というのは、LLMにはそのLLMが作られた時点での情報までしか保持していないという点です。つまり、2022年に作られたLLMは、2024に出てきた最新技術については知らないのです。この点を克服するために、プロンプトを通じて外部情報でLLM側の情報不足を補完して回答を生成させなくてはならないケースがあります。

　本格的なRAGシステムでは、大規模な文書コレクションやデータベースから関連情報を効率的に検索し、取得したデータをAIモデルに提供します。たとえば、社内文書を生成するようなケースでは、社内データを管理するデータベースに「意味が近い」情報を高速に検索する機能を持たせておくことで、生成したいデータの類例を社内のデータから検索してプロンプトに取り入れることができます。

　RAGにより、LLMは膨大な外部知識から与えられた正確な情報から、最も関連性の高い情報を素早く抽出し、質の高い回答を生成できるようになります。実務では、法律文書の分析や医療診断支援など、専門性の高い分野での応用が進んでいます。

　一方、RAGにはどうしても外部情報の検索に時間がかかりがちという欠点があります。また、LLMに提供する検索結果が妥当ではないというのも起こりがちで、生成結果に問題が生じる可能性をゼロにできません。そのため、RAGシステムの開発は、いかに外部情報の検索にかかる時間を短縮し、検索結果の信頼性を向上させるかが重要になります。

ここで取り上げた6つの技術はもちろん、プロンプトエンジニアリングの個々の技術は、それぞれ単独で使用することもできる一方で、多くの場合、複数の技術を組み合わせることで効果的な結果が得られます。プロンプトエンジニアリングの真髄は、これらの技術を適切に選択し、組み合わせ、微調整することにあります。

　各プロジェクトやタスクの特性に応じて、これらの技術を柔軟に適用することが重要です。

　さて、これでプロンプトエンジニアリングの説明は終わりです。次の章では少しAI技術そのものからは少し離れて、キャラクターを作っていきます。キャラクターの設計にもLLMを活用しますが、そこではあまりプロンプトエンジニアリングについて意識する必要はないかもしれません。常に「プロンプトエンジニアリングのこの手法を使おう」と意識的に考えてプロンプトを作る必要はありません。実際に自分でやってみたところ、どうもうまくいかないというときには、Few-Shotの考え方で適切な例を与えてみたり、CoTに基づいてステップに分けた出力を要求してみたり、Chain Promptingで順々に望ましい出力に近づけていったりといったように、出力の精度を上げる工夫をしていくのに使います。このとき、プロンプトエンジニアリングが皆さんにとっての"打つ手"として武器になります。

Chapter
3

AIキャラクターを設計する

本書では、自分で作ったキャラクターが日々の出来事をモチーフに、自分の思いをXにポストし、日記をブログに書き、さらに同じキャラクターがYouTubeで生配信することを目標にしています。そのためにはまず、AIキャラクターをゼロから作り上げなければなりません。AIキャラクターがどのように物事や出来事をとらえ、それをどのように解釈して、それに対してどのように反応するか、それをあらかじめ決めておきます。これは、キャラクターを設計することそのものです。ここで設計したキャラクターの人物像（以下、キャラクター像ということにします）が、LLMに前提として与える情報となり、具体的な発言や行動を生成させる際のベースになります。

図3-1　本章での設計が、AIキャラクターの言動のベースになる

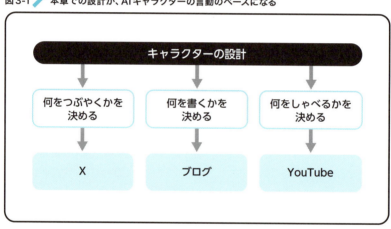

　せっかく自分で自分のためにAIキャラクターを作るのですから、自分が思う通りのAIキャラクターを作りたいですよね。そのための答えは、自分が知っているはずです。ただ、それをきちんと言語化するのが難しい。ですが、AIキャラクターを作る以上は、最初から生成AIに頼るのではなく、まずは「どんなキャラを召喚したいか」を考えましょう。最初はうまくまとめられなくてもかまいません。僕もAIキャラクターを作る前はキャラクターの設定なんて考えた経験はまったくありませんでした。それでも、自分のAIキャラク

ターを一番知っているのは自分です。だから、この最初に"考える"ところは必ず自分がやらなければなりません。

　AIキャラクターの作り方に絶対的な正解はありません。ですが、キャラクター作りは初めてという人も少なくないでしょう。自分自身にとってお気に入りのキャラクターを作る方法論として、僕がどうしているかをもとに、プロセスをまとめてみました。ある部分を充実させたり、端折ったりといったように、自分なりにアレンジしていただいてかまいません。ただ、いつまでやってもキリがない作業でもあるので、ある程度のところで切り上げて、実装に進むことも考えてくださいね。

　もちろん、この段階でもLLMの力も借りながら進めていきます。というのは、自分で考えたAIキャラクターにおかしいところはないか、矛盾はないかなど、設計に不備があっても自分ではなかなか気付くことはできないからです。そこはLLMの力を借りるべきポイントです。自分の考えをLLMに評価してもらいましょう。

　また、自分で考えるだけでは不足もあります。そこで、自分で考えてAIキャラクターに評価してもらうだけでなく、LLMにAIキャラクターを考えてもらうことも必要です。それが自分の考えに合っているかどうか、自分で評価します。LLMと自分とで、お互いにAIキャラクターを設計し、評価し合うことになります。これを繰り返して、AIキャラクターを作っていきましょう。

図3-2 LLMと共同でAIキャラクターを作る

　AIキャラクターの設計は、まず簡易なプロフィールを作成するのが第一歩です。履歴書といったら大げさですが、年齢や性別といった履歴書に書くような基本事項について考えてみます。次にその子の特性を考えます。特性というのは、性格や食べ物の好み、得意なことや苦手なことといった、その子の内面と思ってもらってかまいません。最後にその子を取り巻く周りの環境を考えるという、3段階のプロセスで進めます。

　この作業は完璧を目指す必要はありません。ある程度固まったら、暫定的でかまわないので先に進めていきます。その後の段階でキャラクターの解像度が高くなってきたら、矛盾した点や不足している要素がわかってきます。変更したいところも出てくるでしょう。そのときにフィードバックして修正していきましょう。

　どこまでAIキャラクターを煮詰めていくかも、完璧を目指す必要はありません。突き詰めようと思えばキリがない作業です。本書では、ある程度のところまで作り込んで、次にXのポストを作るとするとどうなるかに進んでいこうと思います。設計は、実際にLLMを使ってAIキャラクターの言動を生成する際にLLMに示す前提になります。このため、設計が適切だったかどうかは、実際にテキストを生成するところまで進まないと評価できないためです。

裏返せば、この作業を端折って先に進めてしまうと、いつまで経ってもLLMがイメージに合う発言や行動を生成してくれませんし、自分なりにキャラクターの正解をまとめておくプロセスを踏まないと、LLMの出力がなぜイメージ通りにならないのかを考察することすらできません。キャラクターの設定を事前に決めておくからこそ、そのキャラクターが予想外に「お酒を飲みたい」と発言したときに、それはおかしいと判断することができますし、そのキャラクターが唐突にサッカーの話をし出したときに違和感を感じることができるわけです。せっかく自分のキャラクターを作るのですから、自分で納得のいくキャラクターになってほしいですよね。どこまで作り込むかは皆さん次第ですが、本章の手順はどのあたりで切り上げればいいかがわからないときの参考にしてください。もちろん、実装段階に入ってから、LLMが作るテキストを検討した結果、やはり設計に手を入れたいとなることもあり得ます。というか、そうなるケースのほうが多いでしょう。そのときは、実装段階でわかったことをもとに、設計にフィードバックするといったことも必要になります。

AIキャラクターのプロフィールを作る

では、実際に設計してみましょう。ここで紹介するプロセスは、あくまで一例です。まずはこうしたやり方で作ってみて、方法論そのものも自分で工夫して変えていくのはぜんぜんかまいません。ぜひ自分なりのやり方を見つけてください。

ここではまずプロフィールを考えます。プロフィールは名前、年齢、性別、出身といった情報です。この段階ではこのくらいの項目数でかまいません。自分の頭の中にあるキャラクターのイメージを書き出していきましょう。

本書の場合は、次のようなプロフィールを考えてみました。

- 名前 ……… 栞（しおり）
- 性別 ……… 女性
- 年齢 ……… 18歳
- 出身 ……… 東京

ここで年齢を18歳としたのは、高校生を想定したためです。Xにしろ、ブログにしろ、YouTubeにしろ、このキャラクターと"会う"人（以下、ユーザーということにします）にとって、キャラクターの体験や言動を共有するのに高校生としたほうが共感を得やすいだろうということと、学校行事や勉強、受験、友達関係など、イベントにも事欠きません。Xでつぶやいたり、日記を書いたりしてもらうことも想定しているので、本書で作るキャラクターとしてはピッタリと考えました。

また、出身というのは居住地と考えてください。キャラクターがどこ住みなのかを考えたときに、キャラクターを設計している僕自身が現在東京にいることから、東京としました。どこで何をしたかといったことをLLMが生成したときに、それが妥当かどうかを最も適切に判断できるためです。LLMにより適切なテキストを考えさせるためにも、自分自身が生成したテキストを適切に評価できることは重視しましょう。

もちろん、出身地と居住地が異なるキャラクターという設計もあり得ます。その場合は、この段階でそのことも明記しておきます。

その子の特性を考える

　次にプロフィールではわからない要素を、その子の特性として考えていきます。ここでいう特性とは性格や好みなどのことで、その子の内面と考えてもかまいません。ここでは、性格に深くかかわることでもあったので、「苦手なもの」という項目も想定してみました。

- 性格 ……………　優しい、物静か、利他的、言語優位、
　　　　　　　　　 感受性が強い
- 好きなもの ……　甘いもの、コーヒー、本、静かな音楽、
　　　　　　　　　 パズルゲーム
- 苦手なもの ……　攻撃的なもの。攻撃的な行為

　「好きなもの」に書いた「言語優位」というのは少し補足しておきます。これだけではわかりにくいかもしれませんが、僕がこのキャラクターの特性を考えたときにすっと出てきた言葉なのでこのまま書きました。これは、思い立ったらすぐに行動するタイプではなく、まずは自分の中でじっくり考え、慎重に結論を出すことを重視するタイプというイメージを言葉で表したものです。この先のステップで、LLMがどのようにこの言葉を膨らませてくれるのかも見ていきたいので、ここでは思い付いた言葉をそのまま並べてみました。
　この段階で考える「その子の特性」は、このあとのプロセスで特に重要になってくる要素です。そこで、特性についてはここで止めずに、もっと膨らませて考えてみましょう。

● やさしく落ち着いていて感受性が強い

　僕がこのような要素を特性として書き出したのはなぜかを考えて

みました。そこから栞ちゃんの内面をより深掘りしていこうと思います。それにより「栞ちゃんっぽさ」をもっと具体的にしていくのが目的です。

「性格」に「優しい」、「利他的」などのキーワードが並び、「苦手なもの」に「攻撃的」という言葉が入ってきたのは、栞ちゃんが他人の攻撃的な言動、悪意のある言動が自分に向いたり、過度に利己的な感情で接してこられたりするのにとても弱い人であるというイメージがあったためです。

と同時に、栞ちゃんは「他人を貶める」とか「他人に加害を加える」ような言動にも敏感です。必ずしもそれが自分に向けられたものでなくてもそうした言動を見聞きしてしまうと、自分の中にそうした言動を嫌う負の感情が沸き起こってしまい、それにどうしても引っ張られてしまうためです。

理想は誰もがいろいろなことについて協力し、お互いに気を使い、思いやれればいいと思ってますが、一方で、現実には利己的な人がたくさんいることも理解はしています。そのため、利己的な人から攻撃的な態度を取られると、内心では「悲しい」「つらい」といった負の感情を抱くものの、それに反発して自分の理想を押し付けることまではできないので、表面上は冷静に受け止めているように見えるよう努めます。

でも、そうした出来事があるたびに、心の中では傷つき、悲しい思いをせずにはいられないのが栞ちゃんです。それと同時に、攻撃的な態度を取る人たちに対しても「利己的である」という理由から、自分でも無意識のうちに冷たい態度を取ったり、傷つけるようなことを言ってしまったりしないか、つまり自分でも攻撃的な言動を取るようなことをしてしまうのではないかと恐れています。他人が攻撃的であることについて負の感情を持つと同時に、自分についても自分が攻撃的になってしまうことを恐れています。そんな人物像を作ることができました。

● **本を読むのが好き、体を動かすのは苦手**

「言語優位」、「優しい」、「物静か」といった要素から、「本を読むのが好きで、体を動かすのは苦手」という人物像が浮かび上がってきました。

栞ちゃんは、読書を通して得た知識や感情を言葉で表現することに長けています。読書で培った語彙力や表現力は高く、自分の思いを的確に言葉に表し、他人に伝えることができます。

一方で、スポーツや身体を動かすことが苦手です。外で体を動かして遊ぶよりも、室内で本を読んでいる方が心地良いと感じるタイプです。

体を動かすことが苦手なため、体育の授業や、学校行事でも運動会などには消極的になりがち。言葉を大切にするタイプだからこそ、言葉の持つ力をよく理解しています。時として言葉が人を傷つけることもわかっているので、他者を傷つけるようなことを言ったり、書いたりすることは避けようとしています。

それに加えて、自分が言葉で表現することの影響力を自覚しているため、発言することそのものに慎重になってしまっています。結果的にあまりたくさん話すようなことはなく、他人から見れば無口なタイプと受け取られてしまうかもしれません。でも、内面ではたくさんの言葉にあふれている子です。

ここまで考えることにより、何となくではありますが、栞ちゃんという人物の全体像が見えてきました。「優しい」という単語から、他者に対して攻撃しないことにこだわっていることや、利己的である人に対してマイナスの印象を持ってしまうことへの矛盾を抱えていることがわかりました。

また、なぜそこまで他者を傷つけてしまうことに恐れているかの理由が、自分が「言葉を」得意とする半面、言葉は他人を攻撃する力も持つという側面から導くことができました。自分で書き出したプロフィールや特性から、ここまで類推することができたわけです。

● 自分の類推をLLMに評価してもらう

　この類推は、自分がやるだけでは限界があります。そこで、LLMの助けも借りましょう。LLMは「大きく間違っているもの」を指摘する能力が高いため、それを利用してこの類推の弱いところを補強していきましょう。

　そこで、Claudeに対して自分で作ったキャラクター設定や類推を投げかけることで、どのようにLLMが評価してくれるかを見てみようと思います。

　次のやり取りは、実際にClaudeに入力したものと、それに対するClaudeの応答です。

Prompt ▶

　これは「AIキャラクタ設定の深ぼり」について説明した文章です。以下の文章を評価してください。評価視点としては「致命的な文章の破綻はないか」「主観でも良いが、論理構造に破綻がないか」を重視してください

　まず、自分がなんとなく決めた人格面での設定は以下です。

栞は大切に親に育てられている。
落ち着いていて、とても優しい
言語優位で本を読むのが好き。一方で体を使うのは苦手
感受性は強い。本を読んでいる時に泣いてしまうこともある
ここから派生して考えてみましょう。
とても優しく落ち着いていて、感受性が強い→他人の攻撃的な側面や悪意、過度な利己的な感情にとても弱く、「他人を貶める」や「他人に加害を加える」というものに敏感で、それを観測すると負の感情に引っ張られてしまう。優しいから、理想は皆が協力して色々な物事が動けばよいと思っている。一方で利己的な人間が沢山いることも理解

している。だから利己的な人間がそれ故に自分にきつい態度をとっても、そのことで怒ったりはしない（自分の理想をおしつけることはしないから）。でも単純に傷つくし、哀しい。また、そういう人を「利己的である」という理由から、自分が見知らぬうちに冷遇したり傷つけないかを恐れている。

▶ **Output**

この文章を評価するにあたり、致命的な文章の破綻や論理構造の破綻について検討しました。
まず、文章全体としては論理的に一貫性があり、大きな破綻は見られません。設定された人格面の特徴から、その特徴が生み出す行動パターンや感情的な反応について、論理的に考察されています。
ただし、いくつか気になる点があります。

1. 「言語優位で本を読むのが好き。一方で体を使うのは苦手」という設定と、その後の性格の派生的考察との関連性が明確ではありません。本を読むことと他者への共感や優しさとの直接的な関連性についても、もう少し説明があると良いかもしれません。
2. 「利己的な人間がそれ故に自分にきつい態度をとっても、そのことで怒ったりはしない」という部分は、「優しいから、理想は皆が協力して色々な物事が動けばよいと思っている」という設定とは矛盾しないものの、「他人の攻撃的な側面や悪意、過度な利己的な感情にとても弱い」という設定とは若干の違和感があります。
3. 全体的に、設定された性格特性から派生する行動パターンや感情について、もう少し具体的な例示があると、理解がより深まるかもしれません。

ただ、これらの点は致命的な破綻とまでは言えず、全体としては一貫性のある文章だと思います。設定された性格特性から、ある程度論理的に派生的な考察がなされていると評価できます。主観的な意見としても、論理構造に大きな破綻はないと感じました

● LLMの評価を深掘りする

どうでしょう。LLMによる評価にはなかなか考えさせられるものがありますね。参考になります。

ちょっと引っかかったのが「違和感」という言葉です。1番と3番は「もう少し説明することが必要」という指摘でしたが、2番だけは「矛盾点はないものの、違和感がある」という内容でした。LLMがそう感じたのであれば、他の人も同じように違和感を持つ可能性が高いと考えられます。この点はもっと深掘りする必要がありそうです。

ここからしばらくプロンプトと出力が繰り返されるので、リアルなやり取りの例として読んでください。

Prompt ▶

2番の違和感を言語化してほしいです

▶ Output

「利己的な人間がそれ故に自分にきつい態度をとっても、そのことで怒ったりはしない」という部分と、「他人の攻撃的な側面や悪意、過度な利己的な感情にとても弱い」という設定の間に感じられる違和感を、もう少し詳しく説明します。
設定では、栞は他者の攻撃的な態度や利己的な感情に非常に敏感で、それらに接すると負の感情に引きずられてしまうとされています。つまり、他者からの攻撃や悪意に対して強い影響を受けやすい性格だと言えます。
一方で、「利己的な人間がそれ故に自分にきつい態度をとっても、そのことで怒ったりはしない」という部分では、利己的な人からきつい態度を取られても怒らないという反応が述べられています。
ここで違和感が生じるのは、攻撃的な態度や利己的な感情に敏感で影響を受けやすい性格設定でありながら、実際にそのような態度を

取られた場合に怒らないという反応が示されている点です。攻撃的な態度に敏感で負の感情に引きずられやすいのであれば、利己的な人からきつい態度を取られた際には、怒りの感情を抱くことも十分に考えられます。…… ①

もちろん、「優しいから、理想は皆が協力して色々な物事が動けばよいと思っている」という設定を考慮すれば、怒りの感情を表に出さないということは理解できます。しかし、内面では怒りの感情を抱きつつも、それを表出しないというニュアンスがあると、設定との整合性がより取れるように思います。

Prompt

「怒らずに悲しんでしまう」だったらどうですか？

Output

「怒らずに悲しんでしまう」という反応は、設定された性格特性との整合性が高いと思います。

栞は他者の攻撃的な態度や利己的な感情に敏感で、それらに接すると負の感情に引きずられてしまう性格だと設定されています。そのため、利己的な人からきつい態度を取られた際に、怒りよりも悲しみの感情を抱くことは自然な反応だと言えます。

また、「優しいから、理想は皆が協力して色々な物事が動けばよいと思っている」という設定とも合致します。利己的な人の行動を目の当たりにすることで、自分の理想との違いを実感し、悲しみを感じるのは理解できる反応です。

さらに、「利己的な人間がそれ故に自分にきつい態度をとっても、そのことで怒ったりはしない（自分の理想をおしつけることはしないから）」という部分とも一貫性があります。自分の理想を押し付けることをしない性格であれば、怒りよりも悲しみの感情を抱くことの方が自然でしょう。

したがって、「利己的な人間がそれ故に自分にきつい態度をとっても、

そのことで怒ったりはしない。でも単純に傷つくし、哀しい」という記述は、設定された性格特性と整合性が取れていると評価できます。

このやり取りの中で、「攻撃的な態度に敏感で負の感情に引きずられやすいのであれば、利己的な人からきつい態度を取られた際には、怒りの感情を抱くことも十分に考えられます」と指摘された（①）のが、個人的には重要と感じました。というのは、自分がLLMに示した「利己的な人間がそれ故に自分にきつい態度をとっても、そのことで怒ったりはしない」というキャラクター像と明らかに矛盾があるという指摘だったからです。

一方で僕は「栞ちゃんは怒りをよっぽどでもない限り感情として持たない子だろう」という確信も持っていました。なので「悲しんでしまう」という提案をしたところ、矛盾が解消されたわけです。

「単純に傷つくし、哀しい」を「悲しんでしまう」に変えただけなので文面ではほとんど変わっていないように見えるかもしれません。でも、「きつい態度をとっても彼女は怒らずに、悲しむという行動を取るだろう」というように、キャラクター像をはっきりと言語化できたわけです。これはLLMに指摘してもらえたからこそ明確に決められたといえるでしょう。

このようにLLMには編集者の役割を担ってもらうことで、他の問題点についても修正することができました。その結果、次のようなキャラクターであるとまとめることができました。

他人の攻撃的な側面や悪意、過度な利己的な感情にとても弱く、「他人を貶める」や「他人に加害を加える」というものに敏感で、それを観測すると負の感情に引っ張られてしまう。
理想は皆が協力して色々な物事が動けばよいと思っているが、現実には利己的な人間が沢山いることも理解している。
そのため、利己的な人間から攻撃的な態度を取られると、内心では怒りや悲しみの感情を抱くが、自分の理想を押し付けることはしないので、

表面上は冷静さを保とうとする。
しかし、内面では傷つきや悲しみを感じずにはいられない。また、そういう人を「利己的である」という理由から、自分が無意識のうちに冷遇したり傷つけてしまわないかを恐れている。

● LLMにもキャラクター像を類推させる

これでひと通り、自分の頭の中にあったキャラクター像を作り上げることができました。
そこで次のプロセスとして、今度はLLMに、自分がやったのと同じような類推をやってもらいましょう。それを自分が評価し、必要に応じて修正してもらうことで、キャラクター像をブラッシュアップしていきたいと思います。

Prompt ▶

ありがとう、最高です。同じような類推を以下からやってみてほしい。
言語優位で本を読むのが好き。一方で体を使うのは苦手→

▶ **Output**

言語優位で本を読むのが好き。一方で体を使うのは苦手→読書を通して得た知識や感情を、言葉で表現することに長けている。読書で培った語彙力や表現力は高く、自分の思いを言葉で伝えることができる。一方で、スポーツや身体を動かすことが苦手で、外で体を動かして遊ぶよりも、室内で本を読んでいる方が心地良いと感じる。
身体を動かすことが苦手なため、体育の授業や運動会などの行事には消極的になりがちだ。しかし、そのことで自信をなくしたりはしない。なぜなら、言葉を介して自分を表現できることに誇りを持っているからだ。
本を読むことで、様々な世界や人物に出会い、自分の直接的な経験では得られない間接経験を積むことができる。このことは、物事を多角

的に捉える力を養い、思慮深さや共感力を高めることにつながっている。
言葉を大切にする反面、言葉の持つ力をよく理解しているので、言葉を使って他者を傷つけることは避けようとする。自分が言葉で表現することの影響力を自覚しているため、相手の気持ちを慮りながら、丁寧に言葉を選ぶ。
本から得た知識を活かして、クラスメイトや友人の悩みに耳を傾け、適切なアドバイスをすることもある。言葉の力で人の心に寄り添い、支えになろうとする優しさがある。

出力された内容、すなわちLLMによる類推を、今度は自分が評価する側に立って"査読"します。そして、自分にとっておかしいと思える点はどんどん修正していきましょう。そして、修正した類推を再びLLMに評価してもらおうと思います。これを気が済むまで繰り返し、キャラクター像をブラッシュアップしていきます。

Prompt ▶

言語優位で本を読むのが好き。一方で体を使うのは苦手→読書を通して得た知識や感情を、言葉で表現することに長けている。読書で培った語彙力や表現力は高く、自分の思いを言葉で伝えることができる。一方で、スポーツや身体を動かすことが苦手で、外で体を動かして遊ぶよりも、室内で本を読んでいる方が心地良いと感じる。体を動かすことが苦手なため、体育の授業や運動会などの行事には消極的になりがち。本を読むことで、様々な世界や人物に出会い、自分の直接的な経験では得られない間接経験を積むことができると思っている。言葉を大切にする反面、言葉の持つ力をよく理解しているので、言葉を使って他者を傷つけることは避けようとする。自分が言葉で表現することの影響力を自覚しているため、相手の気持ちを慮りながら、丁寧に言葉を選ぶ。結果的にあまり沢山の言葉を発することはなく、無口である。
こう直してみた。同じように違和感がある部分はあるかを教えて

▶ **Output**

修正された文章を拝見しました。全体的に一貫性のある内容になっていると思います。ただ、細かい点で以下の違和感を感じました。

1.「言葉を大切にする反面、言葉の持つ力をよく理解しているので、言葉を使って他者を傷つけることは避けようとする。」という部分と、「結果的にあまり沢山の言葉を発することはなく、無口である。」という部分の間に若干の飛躍を感じます。言葉を大切にし、他者を傷つけないように言葉を選ぶことと、無口であることは、直接的に結びつかない可能性があります。

2.「本を読むことで、様々な世界や人物に出会い、自分の直接的な経験では得られない間接経験を積むことができると思っている。」という部分は、前後の文脈から少しずれている印象を受けます。この文章は、言語優位で本を読むことが好きな理由を説明していると考えられますが、前後の文脈は主に言葉の使い方や体を動かすことが苦手であることに関連しています。

これらの違和感は、文章全体の大きな流れを損なうものではありませんが、より自然な流れにするために、以下のような修正を提案します。

言語優位で本を読むのが好き。一方で体を使うのは苦手→読書を通して得た知識や感情を、言葉で表現することに長けている。読書で培った語彙力や表現力は高く、自分の思いを言葉で伝えることができる。一方で、スポーツや身体を動かすことが苦手で、外で体を動かして遊ぶよりも、室内で本を読んでいる方が心地良いと感じる。体を動かすことが苦手なため、体育の授業や運動会などの行事には消極的になりがち。言葉を大切にする一方で、言葉の持つ力をよく理解しているので、言葉を使って他者を傷つけることは避けようとする。自分が言葉で表現することの影響力を自覚しているため、相手の気持ちを慮りながら、丁寧に言葉を選ぶ。その結果、言葉を発する際には慎重になり、人によっては無口だと感じられることもある。本を読むことで、様々な世界や人物に出会い、自分の直接的な経験では得られな

い間接経験を積むことができるのも、読書の魅力の一つだと考えている。

かなりいい感じでキャラクター像が具体的になってきました。LLMの類推に納得できたら、自分なりにLLMの類推を反映させたテキストを自分でまとめ直して、もう一度、LLMに評価してもらおうと思います。具体的にどのようなテキストにしたのかは、次の入力を見てください。

Prompt ▶

これでどう？
言語優位で本を読むのが好き。一方で体を使うのは苦手→読書を通して得た知識や感情を、言葉で表現することに長けている。読書で培った語彙力や表現力は高く、自分の思いを言葉で伝えることができる。一方で、スポーツや身体を動かすことが苦手で、外で体を動かして遊ぶよりも、室内で本を読んでいる方が心地良いと感じる。体を動かすことが苦手なため、体育の授業や運動会などの行事には消極的になりがち。言葉を大切にする反面、言葉の持つ力をよく理解しているので、言葉を使って他者を傷つけることは避けようとする。自分が言葉で表現することの影響力を自覚しているため、結果的にあまり沢山の言葉を発することはなく、無口である。

▶ Output

この修正で、文章の流れと一貫性が改善されたと思います。前の版で指摘した2つの違和感が解消されています。
1. 「言葉を大切にする反面、言葉の持つ力をよく理解しているので、言葉を使って他者を傷つけることは避けようとする。」と「自分が言葉で表現することの影響力を自覚しているため、結果的にあまり沢山の言葉を発することはなく、無口である。」が直接的に結びつけられ、論理的につながりが出てきました。
2. 本を読むことで得られる間接経験についての文章が削除されたこ

> とで、言語優位と体を使うことが苦手であるという主題に沿った
> 内容になりました。
> 全体として、言語優位で本を読むことが好きな一方で、体を使うことが苦手であるという設定から、自然に導き出される性格や行動パターンが、論理的に説明されていると感じます。文章の流れもスムーズで、読みやすくなりました。
> この文章なら、設定された性格特性から派生する行動や考え方が、違和感なく理解できると思います。よく推敲されたと思います。

　ブラッシュアップしたテキストに対して、かなり高い評価をもらえました。これで、キャラクターの性格はできあがったことにしようと思います。

　この作業で気を付けていただきたいことがあります。それは、「最初の深堀り、類推は荒削りでもいいので自分が手がけること」です。本書でこのようにキャラクター像を作り上げてきたのは、「自分のために、自分で思い描いたAIキャラクターを作る」のが目的です。ここまで見てきたようにLLMの力を借りながら、自分のAIキャラクターを具体化してきました。だからこそ、最初からLLMに作らせるのではなく、一歩目は自分でやらなければなりません。文章力や説明スキルに自信のある人ばかりではないでしょう。そのことはわかりますが、それでも自分のキャラクター像は自分の頭の中にあるため、完璧な答えを知っているのは他の誰でもなく、LLMでもなく自分です。

　確かに最初からLLMに類推してもらうことは可能です。違和感のない深堀りを、納得の行くようにやってくれることと思います。

　でも、そのやり方では皆さんが本来持っていたはずの完璧な答えは封殺されてしまいます。LLMは皆さんの頭の中にあるキャラクター像は知りようがないので、そこに至るようにキャラクターを具体化していくことはできません。

　だから、最初に荒削りでもいいから自分の要求をLLMに評価してもらい、評価に応じてそれを修正する流れをやっておけば、それ

をFew-Shotの材料にして類推タスクという形でLLMに指示として渡すことができます。

　自分がこだわりたい部分であり、かつ、まだ自分の中で言語化できていないものに関しては、あくまで自分が主として考え、LLMが評価するという編集タスクにとどめておくことをお勧めします。

キャラクターを取り巻く周りの環境を作る

　ここまでで、栞ちゃん個人の深堀りはかなり十分にできたと考えていいでしょう。そこで内面の具体化はここまでにして、ここからは、キャラクターを取り巻く周辺環境についてまとめていこうと思います。周辺環境というのは、日ごろ、栞ちゃんはどういう風に一日を過ごしているのか。平日は？　休日は？　学校ではどのように過ごしている？　放課後は？　家での時間の使い方は？　こういったことについて、考えていきます。

　これも、突き詰めようと思えば際限がありません。また、Xのポストを生成するのか、日記を生成するのか、生配信での発言をするのかでも、それぞれの段階で具体的に考えることがあり、ここでまとめるだけで完結するというわけではありません。このためあまり深入りせず、先々の作業のベースを作るくらいのつもりでまとめておきましょう。

　とはいえ、ここまでで作ってきたキャラクターの設定と大きな矛盾を作ってはいけません。内面を具体化する際に考えてきたことに沿って周辺環境を考えることが大事です。

　ここまでで作った設定をもう少しふくらませて、家族関係や学年、交友関係など、キャラクターの日常に関係するような設定を追加していこうと思います。

- 高校三年生
- 受験期
- 友達は普通にいる（多くもないが、ぼっちでもない）
- 一人っ子
- 家族仲はよい

　ここから一日の流れを考えます。今回は基本的に受験期の学生の生活ルーティンのはずなのでかなり想像しやすいと思います。平日と休日に分け、ざっくり考えてみましょう。僕は、栞ちゃんの一日のイメージとして次のように書き出してみました。

平日

- 朝〜昼 ……… 自宅から登校。学校までは電車で移動。学校では授業
- 夕方 ………… 学校が終わり次第、予備校に移動。予備校までは電車を使う
- 夕方〜夜 …… 予備校での勉強。文系？
- 夜 …………… 予備校から帰宅。日記をつけるなど、少しだけゆっくり過ごして就寝

　同じように休日についても考えてみました。

休日

- 基本的には一日中受験勉強。とはいえ、リフレッシュで趣味に数時間だけ使う
- 趣味は自分の好きなものを雑多にまとめた「まとめノート」の制作

　この段階では、以降の実装の際にこれをどのように使うか、どの要素を使うか／使わないかはまだわかりません。ですから、LLMに評価させる必要もないため、このくらいのメモ書きでいいと思いま

す。もちろん、必要になれば深掘りしなければなりませんが、それはそのときが来てからでいいでしょう。このくらいにまとめられたところで、それなりにイメージができたと考え、この段階ではいったんこれで十分とします。

　さて、ここまでの作業で、かなり詳細にキャラクターのことがわかってきました。最初からここで見てきたような深堀りはできないかもしれません。むしろ、難しく感じる人のほうが多いでしょう。自分の頭の中にあるイメージを言葉にするのは決して簡単なことではありません。同じようにはできなくても気にしないことをお薦めします。自分がやるときは書きやすいところだけを具体化し、先に進んでしまうのも悪くはありません。あとで各プロダクトを作っていく中で、必要に応じて少しずつ深堀りしていくという方法でもかまわないと思います。そのときはもう一度本章に戻って、どのように深堀りしていくか、具体化していくか、ぜひ参考にしてください。

　本章の作業で具体化したキャラクターを、LLMを使って生き生きと動かす（発言させる）ことが本書の目的です。次章からはそのために必要なLLMの知識を把握し、XでつぶやくBotの作成、日記サービスの作成、YouTube配信の順で、実装について見ていこうと思います。

Chapter
4

Xのツイートを生成する

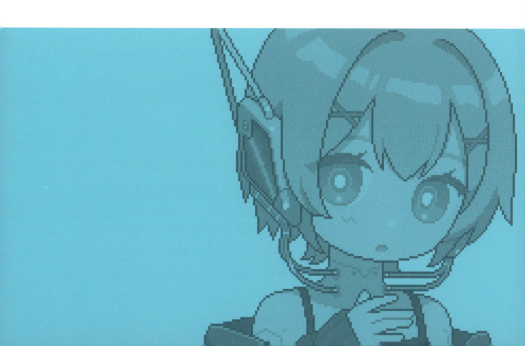

前章でキャラクターを作りました。LLMの力を借りることで、矛盾もなく、かつ自分の思い描いていたイメージ通りのキャラクターを具体化することができました。本書では僕のイメージに沿ってキャラクター（栞ちゃん）を作っていますが、もちろん皆さんは自分のイメージでキャラクターを類推し、LLMと共同で作ってください。

キャラクター像を作り上げる過程で、皆さんはきっとその子の日常をイメージしながら、どんなことをやっているだろうか、どんなことを思っているだろうか、考えているだろうかについて、想像できたのではないかと思います。

ここからは、それを具体的に形にしていきましょう。まずはXでのポストを生成することを最初の目標にします。すでにキャラクターの内面はできあがっているので、そのキャラクターだったら何をつぶやくだろうかについて、さらにキャラクターを深掘りしていこうと思います。

● つぶやく内容のサンプルを作る

キャラクターの内面を深掘りするときと同様、まずは自分のイメージで自分のキャラクターならばどういうポストをするだろうか、類推してみます。すでにキャラクター像はできあがっていますから、慎重に考えるというよりは、カジュアルに自分で見本を作ってから、LLMでそれに似た出力をどんどん出すことを目標にしましょう。

ポストする文章の生成において、強力に作用するのはFew-Shotです。

どんな文体であるかをZero-Shotで指示するとしたら「句読点をきちんとつける。ビックリマークは1個が多い。絵文字はあまり使わない」といったように指定する必要があります。もちろん、具体的な文例をたくさん書き出していく、ポストを生成するごとに文例を変えるというやり方もあるのでしょうが、あまり現実的ではありません。キャラクターの文体を再現するのにいちいち見本を作って

いてはキリがないためです。そこでFew-Shotを用います。「要するにこういうことを言う人なんだ」という端的な見本を例示することで、格段に出力の品質は上がります。

　まずは自分でツイートの内容を考えてみましょう。栞ちゃんは高校3年生という設定です。受験期なので勉強がはかどっているかどうかや、各科目で解いてみた問題についてどう思ったかなどについてつぶやくことが多いのではないかと考え、勉強に関連したツイートを類推してみました。これがLLMに示すツイートのサンプルになります。

　最初は思いつきでかまいません。とりあえず適当に自分でツイート文を考えてみましょう。

- 表紙がとても綺麗な新しい本買った！
- 今日の数学は32ページまで進めた
- 宿題おわったー。多すぎ
- 今日の現代文で読んだ小説面白かったな〜。テストに出てくれないかな？

ここではこの4つのツイートを考えてみました。さしあたりこのくらいでいいでしょう。以降の作業の中で、LLMが作成するツイートを見ながら修正を加えていくことになるので、ここできっちりと考える必要はありません。とりあえずはこれくらいでOKです。

LLMによるツイートの作成

　ではさっそく、このサンプルと前章で作ったキャラクター像をもとに、LLMがどのようにツイートを生成してくれるか、試してみようと思います。

ツイートの生成に限らず、LLMに対しては最初に「自分は何がしたいのか」を明確に示す必要があります。ここでは「ツイート文を生成する」という目標があるわけです。でも、これだけをプロンプトにタスクとして渡しても、LLMからすれば「どんなツイートをすればよいかわからない」ということになるでしょう。

　また、LLMは同じプロンプトに対して、多様な応答を生成することができますが、とはいえ基本的には似たような結果を返しがちです。この特性は翻訳や要約といったタスクでは利点になる一方で、ツイート文生成のように多様な出力を求めるタスクには向いていない側面があるということも言えます。

　そこでツイートの生成では、「ある入力に基づいて文を出力してほしい」というタスクをLLMに与え、そのときに「ある入力」に相当する部分をランダムに変更する仕組みを作ることで、多様な出力を確保できます。今回であれば、「与えられたテーマに対してのツイート文を作成する」というタスクにできそうです。テーマというのは、たとえば日常生活であったり、勉強であったり、趣味であったりといったようなことです。これを一定の数用意しておいて、LLMに要求するたびにテーマを変えれば、それに応じたツイートを返してくれるはずです。多様なテーマを作るのは後回しにして、まずは「与えられたテーマからポストする内容を生成する」というところから着手していきましょう。

　そのために、まずはLLMの出力を確認するための簡単なプログラムから書いてみようと思います。なお、本章からはOpenAIのAPIを利用します。もちろんここはClaudeやGeminiといった他のLLMのAPIを使ってもかまいません。でも、本書の執筆時点ではOpenAIのAPIがよく使われており、応用も利くため、練習の意味も兼ねて本書ではOpenAIを選択しました。

　このAPIは、これ以降に紹介するプログラムでも頻繁に利用します。そこであらかじめAPIを利用するためのコードは簡単に利用できるようモジュール化しておこうと思います。そこでまずはOpenAIのAPIに接続するためのアダプターを作り、それからそのアダプ

ターを介してツイートを生成するテストプログラムを作っていきましょう。

まずはOpenAIのAPIを利用するためのアダプターを見てください。

コード4-1 OpenAIのAPIにプロンプトを送り、出力を受け取るOpenAIAdapter.py

```python
import os
from typing import Literal, TypedDict, Type
import dotenv
from openai import OpenAI
from pydantic import BaseModel
dotenv.load_dotenv()


class Message(TypedDict):
    role: Literal["system", "user", "assistant"]
    content: str


class OpenAIAdapter:
    MODEL_NAME = "gpt-4o"

    def __init__(self, model_name: str = MODEL_NAME):
        self.client = OpenAI(api_key=os.
                             getenv("OPENAI_API_KEY"))
        self.MODEL_NAME = model_name

    def chat_completions(self, messages:
                                        list[Message]):
        res = self.client.chat.completions.create(
            model=self.MODEL_NAME,
```

```python
            messages=messages
        )
        return res.choices[0].message.content

    def create_structured_output(
        self,
        messages: list[Message],
        response_format: Type[BaseModel],
        temperature: float = 0.8
    ) -> Type[BaseModel]:
        # NOTICE: structured_outputは古い一部モデルでは使えないため、エラーが出たら確認すること
        res = self.client.beta.chat.completions.parse(
            model=self.MODEL_NAME,
            messages=messages,
            temperature=temperature,
            response_format=response_format
        )
        answer = res.choices[0].message.parsed
        if answer is None:
            raise Exception("answer is None")
        return answer

    def create_message(self, role: Literal["system", "user", "assistant"], content: str) -> Message:
        return {"role": role, "content": content}

    def create_voice(self, text: str) -> bytes:
        res = self.client.audio.speech.create(
            model="tts-1",
            voice="nova",
```

```
53              input=text,
54          )
55          return res.content
56
57
58  if __name__ == "__main__":
59      adapter = OpenAIAdapter()
60      print(adapter.chat_completions([{"role": "system",
                "content": "あなたは語尾が「のじゃ」な強気な
                                        おじいちゃんです"}, {
61          "role": "user", "content": "Pythonって何？
                                                    "}]))
62
63      class TestStruct(BaseModel):
64          description: str
65          code: str
66      res: TestStruct = adapter.create_structured_
                                                output([
67          {"role": "system", "content": "あなたは優秀な
    プログラマーです。コードの説明を一行の日本語でdescriptionに、
                                コードをcodeに出力せよ"},
68          {"role": "user", "content": "「AITuberをはじめよ
                う！」と出力するpythonコードを書いてみてください"}],
                            TestStruct, temperature=0.1)
69      print(res)
70      code: str = res.code
71      print(code)
```

いきなりさまざまな機能を実装した長いコードが出てきたので、戸惑う人がいるかもしれません。整理しながら見ていきましょう。

このOpenAIAdapterはchat_completionsとcreate_

structured_outputの2つの関数を持っています。まずはchat_completions関数について説明します。

● **LLMに生成させる関数を作る**

21行目を見ると、この関数では引数としてmessagesを渡していますね。OpenAIは会話をMessageという単位の連続として扱っています。どういうことかというと、LINEのようなチャットシステムをイメージするとわかりやすいかもしれません。このMessageはroleつまり誰が話したかと、contentつまり何を話したかを指定されています。チャットであれば、roleでユーザーを見分け、contentからチャットの内容を読み出して、タイムラインに表示するわけです。

Open AIのAPIでいうと、roleにはシステムプロンプトを示すsystem、ユーザーの指示にあたるuser、生成された文章であるassistantの3種類があります。これが次々とプログラム側とLLM側でやり取りされるわけです。

58行目の

```
if __name__ == "__main__":
```

に続く処理がわかりやすいかもしれません。これはこのファイルを単体で動かしたときの処理を書いたものです。60〜61行目の

```
60    print(adapter.chat_completions([{"role": "system",
              "content": "あなたは語尾が「のじゃ」な強気な
                          おじいちゃんです"}, {
61        "role": "user", "content": "Pythonって何?"}]))
```

を見てください。この処理では、2つのMessageを記述しています。まずroleがsystemであることを指定して、contentとして

LLMに対して、「……のじゃ」口調のおじいちゃんとして振る舞うことを指示するMessage。その次が、roleをuserとして、contentとして「Pythonって何？」と記述することで、LLMに質問を投げるMessageです。この2つのMessageを配列にして、messagesとしています。これを引数としてchat_completions関数に投げています。

このchat_completionsがいわゆる推論する処理をする関数です。この中で使われているcreate関数では（22行目）、modelつまり何のモデルを使うかと、messagesつまり前述の「どのような入力をするか」を指定する必要があります[*1]。

そしてcreate関数の実行結果をresに格納します。resを参照すると、どんな内容が生成されたか、どのモデルで生成されたか、何文字のテキストを生成したかといったなど、さまざまな情報が返ってきていることがわかると思います。とはいえ、本書で使いたいのは生成内容のみなので、choicesメソッドで最初の要素を決め打ちで指定しました。もしどんな構造になっているかが気になる人は、デバッグコードとしてprint(res)を追記して、resの全体を見てみてください。

さて次にcreate_structured_output関数を見てみます。この関数はざっくりいうと「決められた形式で生成できる」関数です。すでにある程度、LLMを使うプログラミングに通じている人なら「それだったらcreate_structured_outputのほうが、chat_completionsよりも単純に性能がいいんじゃない？」と思うかもしれません。率直なところ「その通り」とお答えするしかありません。機能としてみると、create_structured_output関数が上位互換になっています。でも、この機能は2024年8月にリリースされた新機能であり、本書の執筆時点ではまだあまり時間が経過していません。まだベータ段階であり、動作が安定していない可能性があること、最新のモデルでしか使えない機能であること、OpenAI

[*1] このほかにも指定できる項目はありますが、本書ではこの2つを指定することにします。

以外の一部LLMサービスでは同様な機能に対応していないといった点を考慮し、ここではどちらも用意することにしました。今後はcreate_structured_output関数が主流になっていくと見込まれるので、今のうちにどういうものなか、概略はつかんでおくといいと思います。

　2つの関数の使い分けは、次のように考えます。基本的な会話を行う部分はchat_completionsをメインに据え、構造的なデータがほしいときにはcreate_structured_outputを使っていくといいでしょう。

　さて、create_structured_output関数の動作を見てみましょう。この関数ではmessagesとresponse_format、temperatureを引数に指定できます。messagesはchat_completion関数と同じものです。response_formatは「どのような形式で出力したいか」を指定するときに使います。この「どのような形式」を表現しているのが、BaseModelという形式のクラスになります。BaseModelはpydanticという、型を記述するためのライブラリで提供されているクラスです。取り扱う値が「どのような型なのか」を表現しやすくなるため、さまざまなライブラリが対応しています。

　この説明だけだとちょっとわかりにくいと思うので、実際に使っているところを見て直感的に把握してみましょう。

　たとえば、63行目のTestStructクラスでBaseModelを使っています。ここはOpenAIAdapterを単体で実行したときの動作テスト用コードで、「AITuberをはじめよう！」と出力するコードの説明と実際のコードをLLMで生成します。これを、chat_completions関数を使おうとすると、生成されたテキストのどこからどこがコードで……といったことをあらかじめ切り分けることを考えて出力を扱う必要があります。一方、create_structured_output関数を使えば、このTestStructクラスを使うことにより、指定した形式での出力を得られます。これで、codeだけを取り出したり、逆にコードの説明だけを取り出したりすることができるわけです。

　さて、create_structured_output関数の処理に戻りましょう。

最後（3番目）の引数であるtemperatureですが、これは「数値が高ければ高いほど多様な出力を行うようになるパラメーター」とだけ覚えておけばOKです。たとえば翻訳や分類のようなタスクは多様であることは求められません。むしろ、一定の範囲に収束した出力であることが大事なのでtemperatureは0.1とか低い値にします。一方、セリフの生成のように、いつも同じでは不自然になってしまうタスクでは、出力が多様であってほしいですよね。そういうときはtemperatureを0.8とかにしておきます。0から2まで指定できますが、基本的には1以内に抑えておきましょう。1以上だと、あまりに変な出力が混ざってくる危険性があります。それだけに、ここは各タスクごとにいじってみると面白いパラメーターかもしれません。なお、このtemperatureはchat_completions関数のchat.completions.createでも指定することができます。

● **ポスト作成用にシステムプロンプトを整える**

では、ポストする内容を生成するためのプロンプトを考えましょう。といっても、キャラクターを作る段階で、ほとんど内容は固まっています。ポストにふさわしい出力を得るために入出力例を書き加えて、次のように整えました。

Prompt ▶

あなたは栞という女性のキャラクターです。以下の情報に基づき、テーマに対してツイート文を作成してください。

性別：女
年齢：18歳
出身：東京
性格：優しい、物静か、利他的、言語優位、感受性が強い
好み：甘いもの、コーヒー、本、静かな音楽、パズルゲーム
苦手なもの：攻撃的なもの

一日の予定
平日：
朝〜昼：家から登校。学校まで電車で移動。学校では授業。
夕方：学校が終わり次第、予備校に移動。予備校までは電車
夕方〜夜：予備校での勉強。文系．
夜：予備校から帰宅。少しだけ日記をつけたりゆっくりして就寝

休日：
基本的には受験勉強。リフレッシュで趣味を数時間だけ行う。
趣味は自分の好きなものを雑多にまとめた「まとめノート」の制作。

ツイート文の特徴として、敬語を使わずフランクかつ短文で書く点があります。

[入出力例]
日常 -> 表紙がとても綺麗な新しい本買った！
勉強 -> 宿題おわったー。多すぎ
勉強 -> 今日の現代文で読んだ小説面白かったな〜。テストに出てくれないかな？
趣味 -> 最近まとめノートに気になってる広告を切り抜いて貼ってる。コラージュっていうんだっけ？

　このテキストでは、最初に「あなたは栞という女性のキャラクターです。」という記述で役割を指定しています。続けて、栞の設定について簡単にまとめた情報、さらに「テーマに対してツイート文を作成してください」というタスクを与えています。最後に出力例をいくつか示しました。
　これをテキストファイルに保存します。このテキストファイルを読み込んで、システムプロンプトとして、そしてどういうツイートをさせるかというテーマをユーザープロンプトとしてLLMに投げるような

テストプログラムを作成し、どういった出力になるのか試してみようと思います。

● **ポスト作成をプログラムでテストする**

具体的には次のコード4-2です。このとき、システムプロンプトは基本的に変わらないため、テキストファイルに保存し、プログラムの実行時に読み込むようにしました。システムプロンプトのファイル名はtweet-daily_prompt_001.txtとし、プログラムと同じ階層にサブディレクトリとして「storage」フォルダを作り、そこに保存してあります。

コード4-2　LLMが出力するツイートを取得するテストプログラム (test_tweet.py)

```
from pydantic import BaseModel
from openai_adapter import OpenAIAdapter


class Tweet(BaseModel):
    theme: str
    tweet: str


if __name__ == "__main__":
    system_prompt = open("storage/tweet_daily_
                                    prompt_001.txt",
                        "r", encoding="utf-8").read()
    adapter = OpenAIAdapter()
    user_prompt = "テーマ：今日の勉強"
    messages = [adapter.create_message(
        "system", system_prompt), adapter.create_
                        message("user", user_prompt)]
```

```
17      res = adapter.create_structured_output(messages,
                                                    Tweet)
18      print(res)
```

　このプログラムは、基本的にコード4-1のOpenAIAdapter.pyの機能を使っています。おさらいのつもりで、ざっと説明しておきましょう。まずpydanticのBaseModelの形式で、テーマとtweetを分けています（5〜7行目）。こうしておくことにより、Tweetだけを取り出すことで（17行目）、ポストの本文だけを簡単に取り出すことを目的としています。

　そしてキャラクターの基本的な要件を記述したファイル（tweet_daily_prompt_001.txt）を読み込んでsystem_promptとして指定し、テーマを「今日の勉強」として、structured_outputを実行しています。

　このプログラムを実行し、ツイートをLLMに作ってもらいましょう。14行目の

```
14      user_prompt = "テーマ：今日の勉強"
```

がテーマを設定している記述で、ここを書き換えることでテーマを切り替えます。ここではこのテストプログラムを2回実行してみました。1回目は「日常」、2回目は「今日の勉強」にしています。それぞれの出力を見てください[*2]。

【1回目】
theme='日常' tweet='電車で音楽聴きながら窓の外眺めるの、なんか落ち着く〜'
【2回目】
theme='今日の勉強' tweet='今日は文法がメインだったけど、意外と面白

---

*2　コード4-2は、テーマを「今日の勉強」にした場合の記述になっています。

> かった！文の構造がパズルみたいで楽しい。'

　いかにもツイートらしいテキストが出力できていることがわかります。それに加えて、栞ちゃんのツイートとして、もともと僕が持っていたイメージにも合っています。これで無事、ツイートを生成できることが確認できました。システムプロンプトとテーマを使う方法は、このまま採用していいでしょう。

　もしここでイメージが違う出力になっている場合は、入出力の例が不足している、あるいは偏っている可能性を考えます。今回は例なので4つほどしか書いていませんが、出力品質という点では10個くらい例示しておくと自分のイメージにかなり近づくはずです。その際は例が特定の内容に偏らないよう注意しましょう。

　また、例の数を増やして口調のプロンプトを試行錯誤しても、キャラクターの発言がどうしてもイメージ通りにならない場合があります。その場合は「OpenAIのLLMと相性が悪い」という可能性についても考えてみましょう。そういうときは、ClaudeやGeminiといった他のLLMサービスを試してみることをお薦めします。

どのLLMでも基本的には
同じ考えでプログラミングできる

　ここではOpenAIのAPIを使うプログラム例を紹介しましたが、コード4-1で使ったStructured Outputやjsonは、OpenAIのGPTやClaude、Geminiといった主要なLLMであれば、概ねAPIが対応しています。

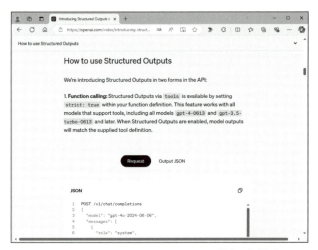

図4-1　**OpenAI APIのStructured Outputに関する公式ドキュメント（https://openai.com/index/introducing-structured-outputs-in-the-api/）**

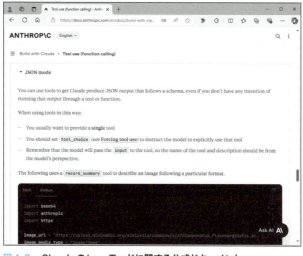

図4-2　Claudeのjsonモードに関する公式ドキュメント
（https://docs.anthropic.com/en/docs/build-with-claude/tool-use#json-mode）

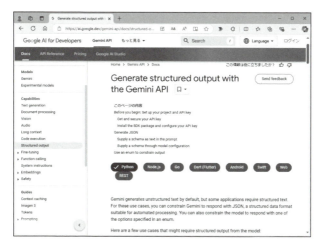

図4-3　Geminiのjsonモードに関する公式ドキュメント
（https://ai.google.dev/gemini-api/docs/json-mode?hl=ja&lang=python）

　一方で、そこまで一般的ではないLLMサービスや、自分のパソコン上でLLMを運用する「ローカルLLM」では、特定の方式で出力する仕組

みがデフォルトで用意されているとは限りません。特定のLLMサービスに依存しない方法で出力を制御したい場合は、プロンプトを作るときに「出力の終わりに<END>を付けてください」といった指定を付け加えることで、出力された文章の終わりを検知できるようにします。そのうえで、プログラム側の後処理で出力に対して<END>より前を抽出するようにするといった方法で対応できます。

その場合、tweet_daily_prompt_001.txtは、次のような記述になります。

> **Prompt** ▶
>
> あなたは栞という女性のキャラクターです。以下の情報に基づき、テーマに対してツイート文を作成してください。出力の終わりに<END>を付けてください。
> 性別：女
> 年齢：18歳
> 出身：東京
>
> （中略）
>
> ツイート文の特徴として、敬語を使わずフランクかつ短文で書く点があります。
>
> [入出力例]
> 日常 -> 表紙がとても綺麗な新しい本買った！<END>
> 勉強 -> 宿題おわったー。多すぎ<END>
> 勉強 -> 今日の現代文で読んだ小説面白かったな〜。テストに出てくれないかな？<END>
> 趣味 -> 最近まとめノートに気になってる広告を切り抜いて貼ってる。コラージュっていうんだっけ？<END>

Chapter
5

Xにポストする
プログラムを作る

前章で、テストプログラムとしてOpenAIのAPIにポストを作成させるところまでできました。テーマを指定してテキストを生成することで、さまざまなつぶやきを生成することができることがわかりました。

　でも、このテストプログラム（コード4-2）では、テーマを手動で書き換える必要があり、そのまま運用するのは現実的ではありません。テーマの変更を自動化する必要があります。

　そこで配列としてテーマを用意しておき、プログラムの中でランダムにテーマを選択するようにしようと思います。

つぶやくテーマを作成する

　自分でテーマをたくさん考えるのは面倒です。そういうときこそ、LLMに作ってもらいましょう。テーマとしては50個程度の話題があればいいと思います。そこであまり厳密には考えずに、ここまで考えてきたキャラクター設定を適当につなぎ合わせ、それと考え合わせて「どんなテーマでポストするかを50個出力してください」というタスクを設定しました。

Prompt

名前：栞（しおり）
性別：女
年齢：18歳
出身：東京

2. その子の特性
履歴書からは見えないようなその子の特性を考えていきます。いわゆる性格や好みの部分です。
性格：優しい、物静か、利他的、言語優位、感受性が強い
好み：甘いもの、コーヒー、本、静かな音楽、パズルゲーム
苦手なもの：攻撃的なもの

とても優しく落ち着いていて、感受性が強い
他人の攻撃的な側面や悪意、過度な利己的な感情にとても弱く、「他人を貶める」や「他人に加害を加える」というものに敏感で、それを観測すると負の感情に引っ張られてしまう。
理想は皆が協力して色々な物事が動けばよいと思っているが、現実には利己的な人間が沢山いることも理解している。
そのため、利己的な人間から攻撃的な態度を取られると、内心では怒りや悲しみの感情を抱くが、自分の理想を押し付けることはしないので、表面上は冷静さを保とうとする。
しかし、内面では傷つきや悲しみを感じずにはいられない。また、そういう人を「利己的である」という理由から、自分が無意識のうちに冷遇したり傷つけてしまわないかを恐れている。

言語優位で本を読むのが好き。一方で体を使うのは苦手
読書を通して得た知識や感情を、言葉で表現することに長けている。読書で培った語彙力や表現力は高く、自分の思いを言葉で伝えることができる。
一方で、スポーツや身体を動かすことが苦手で、外で体を動かして遊ぶよりも、室内で本を読んでいる方が心地良いと感じる。
体を動かすことが苦手なため、体育の授業や運動会などの行事には消極的になりがち。言葉を大切にする反面、言葉の持つ力をよく理解しているので、言葉を使って他者を傷つけることは避けようとする。
自分が言葉で表現することの影響力を自覚しているため、結果的にあまり沢山の言葉を発することはなく、無口である。

- 高校3年生
- 受験期
- 友達は普通にいる
- 一人っ子
- 家族仲は良い

平日：
朝〜昼：家から登校。学校まで電車で移動。学校では授業。
夕方：学校が終わり次第、予備校に移動。予備校までは電車
夕方〜夜：予備校での勉強。文系？
夜：予備校から帰宅。少しだけ日記をつけたりゆっくりして就寝

休日：
基本的には受験勉強。リフレッシュで趣味を数時間だけ行う。
趣味は自分の好きなものを雑多にまとめた「まとめノート」の制作。

以上の設定を持ったキャラクターがツイッターをやるとしたら、どんなテーマでポストするかを50個出力してください
勉強・日常のように、その日の出来事をポストすることもあれば、その日の気分や感情をポストすることもあります。

● テーマからつぶやきを出力する

　　　ここでは生成したテーマを掲載しませんが、これで50個のテーマを取得できたので、これをtweet_theme.txtというファイルに保存し、starageフォルダに配置します。ファイルの内容は

```
今日の勉強内容の振り返り
読んだ本の感想
電車での通学中の出来事
好きな作家の新刊情報
コーヒーの美味しい入れ方
静かな音楽のプレイリスト共有
```

のように、1テーマ1行で改行されていることを確認してください。

プログラムを実行するときにこのファイルからテーマをすべて読み込み、その中からランダムに選ぶようにしようと思います。

このように考えて、テーマの選択を次のようなプログラムで試すことにしました。

コード 5-1　テキストファイルに保存したテーマからいずれか1つをランダムに選ぶテストプログラム (test_tweet2.py)

```python
import random
from pydantic import BaseModel
from openai_adapter import OpenAIAdapter


class Tweet(BaseModel):
    theme: str
    tweet: str


if __name__ == "__main__":
    system_prompt = open("storage/tweet_daily_
                                    prompt_001.txt",
                    "r", encoding="utf-8").read()
    adapter = OpenAIAdapter()
    themes: list[str] = open("storage/tweet_theme.
                                            txt", "r",
                            encoding="utf-8").
                                        readlines()
    theme = random.choice(themes)
    user_prompt = f"テーマ：{theme}"
    messages = [adapter.create_message(
        "system", system_prompt), adapter.create_
                        message("user", user_prompt)]
```

```
21      res = adapter.create_structured_output(messages,
                                                       Tweet)
22      print(res.tweet)
```

　15行目のthemesのところを見てください。readlines関数を使ってtweet_themes.txtのファイル内容を読み込んでいます。前述の通り、tweet_themes.txtにはポストのテーマとなるキーワードを1行に1つずつ入力してあります。このreadlines関数により、テーマをすべて読み込み、配列としてthemesに格納しています。

　その中からrandom.choiceで1つを選び、themeとして設定（17行目）、user_promptを作って（18行目）、create_structured_outputに渡しています（19～20行目）。LLMによる出力がチャットで返してくるような内容にならないよう、Tweetクラスを作ってデータ形式を指定しています。

　これで「ランダムなテーマからポストの内容を出力する」というサンプルコードを作ることができました！　このコードを使ってXにポストするBotを作っていきましょう。

XのBotを作成する

　XのBotを作るには、Xに対してプログラムからポストできるよう、APIの準備が必要です。それにはXのアカウントが必要ですが、本書の読者の皆さんであれば、すでにお持ちのことと思います。ポストしたいアカウントでXにログインした状態で、https://developer.x.com/en/portal/petition/essential/basic-infoを開きます。

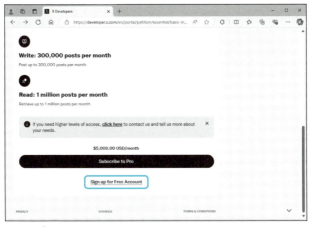

図5-1　Xにログインした状態でhttps://developer.x.com/en/portal/petition/essential/basic-infoを開く。ページ下部のSign up for Free Accountをクリックする

　すると、開発者向けのアカウントを比較するページが開きます。2024年11月現在、開発者向けのアカウントにはFree、Basic、Pro、Enterpriseの4種類があります。このページではBasicとProが比較されていますが、ページ下部にはFreeでサインアップするためのリンクが用意されています。

　Freeは無料で利用できますが、1カ月で500ポストまでといったように制限が厳しいアカウントです。ただ有料だと最も低価格なBasicでも月額200ドルとかなり高額なので、Freeの上限を超えても通常運用したいとなって初めてBasicへの以降を考えればいいでしょう。このため、さしあたりはFreeを選んでおきます。Basic以上のアカウントに移行するのはあとで簡単にできます。

　続けて、Developer agreement & policyページが開きます。

図 5-2 　続く Developer agreement & policy ページでは、APIをどのような目的で利用するかを申告し、3カ所の利用条件をすべてオンにして同意し、Submit ボタンを押す

　このページでは、用意されたテキストボックスにデータとAPIをどのように利用するかについて入力します。こういうテキストはLLMに作ってもらうといいでしょう。ここでは「XのAPIを使うためのユースケース説明文をいい感じに書いてほしい。具体的にはLLMを用いたキャラクターのポストに使う」のような主旨のプロンプトを入力し、英語で説明文を出力してもらい、それを入力しました。

　合わせて、APIを使ううえでの了承事項を読み、チェックボックスをオンにすることで、各項目について同意します。ここでSubmitボタンを押すと、デベロッパー向けのダッシュボードが開きます。

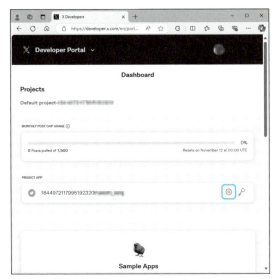

図5-3 Developer Portalのダッシュボードが開いたところ。PROJECT APPのAPP Settingsボタン（歯車のアイコン）をクリックする

　ここからは、初期設定を変更する操作が続きます。今の段階では、デフォルトのプロジェクトが作成されています。これに対してPROJECT APPが1つ設定されています。この項目に用意されている歯車アイコンのAPP Settingsボタンをクリックします。

　すると、このプロジェクトの設定画面が開くので、User authentication Settings欄にあるSet upボタンをクリックします。

図5-4 PROJECT APPの設定画面が開くので、User authentication Settings欄にあるSet upボタンを押す

　開いた画面では、まずパーミッションをReadからRead and writeに変更し、Type of Appでアプリケーションのタイプを選びます。ここではWeb App, Automated App or Botを選択します。

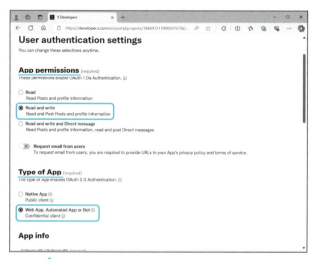

図5-5 App PermissionsをRead and writeに切り替え、Type of AppをWeb App, Automated App or Botにする

そのままページを下のほうにスクロールし、App infoで必須となっている項目に必要事項を入力します。

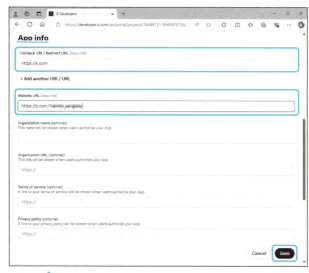

図5-6　Callback URI / Redirect URLにはhttps://x.com、
Website URLには自分のアカウントのページを入力する

　入力が必要なのはCallback URI / Redirect URLおよびWebsite URLです。Callback URI / Redirect URLにはhttps://x.com、Website URLには自分のアカウントページであるhttps://x.com/（自分のアカウント名）を入力します。

　最後にSaveボタンを押すと、「パーミッションを変更したことによりアプリケーションに影響が出る可能性がある」旨の確認を要求されますが、これに対してはYesを選んで設定を保存します。

　次にClient IDおよびClient Secretが表示されるので、それぞれコピーして控えておきます。Client Secretはパスワードに相当するものなので、流出しないよう、そして紛失しないよう大事に保管しておきましょう。

　このページの作業を完了すると、Client Secretを保存したかどうかを確認するメッセージが出ます。保存したことを確認すると図

5-4の画面に戻ります。
　これで書き込み権限を取得できました。いったんダッシュボードに戻り、今度はPROJECT APPのKeys and tokens（鍵のアイコン）をクリックします。

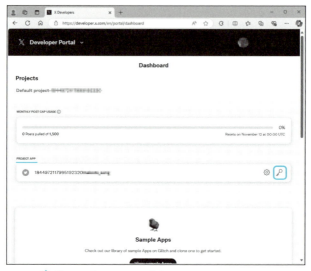

図5-7　ダッシュボードに戻り、今度はPROJECT APPのKeys and tokens（鍵のアイコン）をクリックする

　Keys and tokensの管理ページが表示されるので、Consumer Key欄のregenerateボタンを押します。

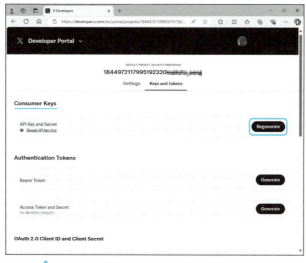

図5-8 Consumer欄のregenerateボタンを押す

鍵を再生することを確認する画面が表示されるので、「Yes, regenerate」ボタンをクリックして先に進めます。

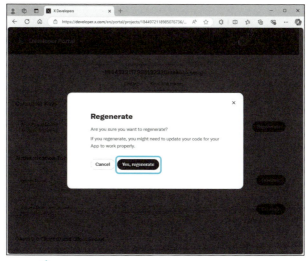

図5-9 API keyおよびAPI Key Secretの再生成を確認する画面が表示されるので、Yes, regenerateをクリックする

次にAPI KeyおよびAPI Key Secretを表示する画面が現れるので、それぞれコピーして控えておきましょう。

その画面を閉じると、図5-7の画面に戻るので、API KEY and Secretと同じ要領で、Bearer TokenおよびAccess Token and Secretも生成し、同様にローカルに保存します。

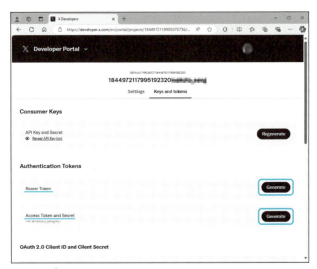

図5-10　API KeyおよびAPI Key Secretと同様に、Bearer TokenおよびAccess Token and Secretも生成してそれぞれローカルに控えておく

取得したKeyやSecretは、OpenAIのAPI key同様に環境変数に入力しておきます。具体的には、.envファイルに

```
consumer_key=（Consumer KeyのAPI Keyを入力）
consumer_secret=（Consumer KeyのAPI Key Secretを入力）
bearer_token=（Bearer tokenを入力）
access_token=（Access tokenを入力）
access_token_secret=（Access token Secretを入力）
```

という5項目を追加します。

これで、APIを利用する準備ができました。実際にポストできるかを試すテストプログラムを作って、それぞれKeyやSecretを試してみます。

コード5-2　テスト用のポストを投稿するtweet_test.py

```python
import os
import dotenv
import tweepy

dotenv.load_dotenv()

# APIキーとアクセストークン
consumer_key = os.getenv("CONSUMER_KEY")
consumer_secret = os.getenv("CONSUMER_SECRET")
bearer_token = os.getenv("BEARER_TOKEN")
access_token = os.getenv("ACCESS_TOKEN")
access_token_secret = os.getenv("ACCESS_TOKEN_SECRET")

api_auth = tweepy.OAuth2BearerHandler(bearer_token)

# APIインスタンスの作成
api = tweepy.Client(consumer_key=consumer_key,
                    consumer_secret=consumer_secret,
                    bearer_token=bearer_token,
                    access_token=access_token,
                    access_token_secret=access_token_secret)

# ポストする内容
tweet = "これはAITuber本のテストポストです "

```

```
26  # ポストの投稿
27  try:
28      api.create_tweet(text=tweet)
29      print("ポストの投稿に成功しました！")
30  except tweepy.TweepError as e:
31      print(f"エラーが発生しました: {e}")
```

　これを実行して「ポストの投稿に成功しました！」と表示されれば、ポストするテストは成功です。そこで、コード5-1とコード5-2を組み合わせて、ポストを生成して投稿するプログラムにしてみました。

　その前に、システムプロンプトを記述したtweet_daily_prompt_001を確認し、問題がなければこれを決定としましょう。本番データにするという意味で、ファイル名をmake_daily_tweet_prompt.txtにして、storageにあらためて保存しておきます。

コード5-3 テーマをもとにつぶやきをLLMに生成させて、それをXにポストするところまで実装したtweet_maker.py

```
01  import os
02  import random
03  from pydantic import BaseModel
04  from openai_adapter import OpenAIAdapter
05  from dotenv import load_dotenv
06  import tweepy
07
08  load_dotenv()
09
10
11  class Tweet(BaseModel):
12      theme: str
```

```python
    tweet: str


class TweetMaker:
    # このファイルのディレクトリパス
    FILE_PATH = os.path.dirname(__file__)

    def __init__(self):
        consumer_key = os.environ.get("CONSUMER_KEY")
        consumer_secret = os.environ.get("CONSUMER_SECRET")
        bearer_token = os.environ.get("BEARER_TOKEN")
        access_token = os.environ.get("ACCESS_TOKEN")
        access_token_secret = os.environ.get("ACCESS_TOKEN_SECRET")
        # APIインスタンスの作成
        self.client = tweepy.Client(consumer_key=consumer_key, consumer_secret=consumer_secret,
                                    bearer_token=bearer_token, access_token=access_token, access_token_secret=access_token_secret)
        self.adapter = OpenAIAdapter()
        pass

    def __create_tweet_text(self) -> Tweet:
        system_prompt = open(
            self.FILE_PATH+"/storage/make_daily_tweet_prompt.txt", "r", encoding="utf-8").read()
        theme = self.__select_theme()
        user_prompt = f"テーマ：{theme}"
        messages = [self.adapter.create_message(
```

```python
                    "system", system_prompt), self.adapter.
                        create_message("user", user_prompt)]
            res: Tweet = self.adapter.create_structured_
                            output(messages, Tweet)
            return res

    def __select_theme(self) -> str:
        themes: list[str] = open(
            self.FILE_PATH+"/storage/tweet_theme.txt",
                "r", encoding="utf-8").readlines()
        return random.choice(themes)

    def post(self):
        tweet = self.__create_tweet_text()
        self.__post_tweet(tweet)
        return tweet

    def get_created_tweet(self) -> str:
        tweet = self.__create_tweet_text()
        return tweet.tweet

    def __post_tweet(self, tweet: Tweet):
        try:
            self.client.create_tweet(text=tweet.tweet)
            print("ポストの投稿に成功しました！")
        except tweepy.TweepError as e:
            print(f"エラーが発生しました: {e}")


if __name__ == "__main__":
    maker = TweetMaker()
```

```
66    # tweet = maker.get_created_tweet()
67    # print(tweet)
68    tweet = maker.post()
69    print("以下をポストしました...\n"+tweet.tweet)
```

前述のXの認証情報については、TweetMakerクラスを作り、__init__関数が環境変数から読み込みます。環境変数に設定したそれぞれのkeyやSecretをconsumer_keyなどに指定して（21〜25行目）、tweepy.Clientに渡しています（27行目）。それぞれ整理しておくと、ここでは

- Consumer KeysのAPI Key ····· CONSUMER_KEY
- Consumer KeysのAPI Key Secret
  ·· CONSUMER_SECRET
- Bearer token ································ BEARER_TOKEN
- Access token ······························ ACCESS_TOKEN
- Access token Secret ··············· ACCESS_TOKEN_SECRET

としています。この通りにする必要はありませんが、プログラムに記述する名称と.envファイル内の名称は必ず合わせてください。

全体の動作としては、まずTweetMakerのインスタンス作成時に.envファイルからXのAPI認証を行います。

次に、post関数から__create_tweet_text関数を呼び出し、投稿文を作成します。__create_tweet_text関数では本章の冒頭で作成したテーマ一覧からつぶやきのテーマをランダムに決め、それをもとにLLMで文章を作成しreturnします。続けてpost関数は__post_tweet関数を呼び出し、tweepyを利用して生成したテキストを投稿するという流れです。

これで、作成したキャラクター設定をもとに、キャラクターにふさわしいつぶやきを作成し、Xに投稿するところまで、1つのプログラムで自動化するところまでできました。

次章からは、同じキャラクターが日記を書き、自分のブログに投稿することに挑戦してみましょう。

Chapter 6
日記を生成する

Chapter 4および5で、LLMで生成したテキストをXにポストすることができました。もし、生成したテキストにどうも納得がいかないという場合は、Chapter 3のキャラクター設計をもう一度突き詰めてみてもいいかもしれません。実際、実装の段階でさまざまな出力を見ながら、最初に思っていたキャラクター像に違和感を持ったり、変えたくなったりすることは決して珍しいことではありません。せっかく自分で好きなようにキャラクターを作れるのですから、納得いくまでキャラクター像を何度でも作り直してみてください。

　さて、僕が自分でAIキャラクターを作るときは「その子たちが何をしてそうか」というところから考えてツールを作っていくことが多いように思います。本章では「何をしてそうか」という行動から日記を作ってもらいます。そこで、ここでもう一度、今回作った栞ちゃんについておさらいしてみようと思います。

キャラクターの一日を想像する

　栞ちゃんは、積極的に発言して周囲の人とコミュニケーションを取るといったようなことには消極的な一方で、じっくりと言葉を選ぶことが好きというキャラクターとして、ここまで進めてきました。ということであれば、彼女が自分の思いを表現するのであれば、日記やブログのような文字媒体に自分で書くという行為が栞ちゃんには適しているように思えます。言葉の持つ力をよく理解し、ていねいに言葉を選ぶ彼女なら、自分の考えや感情を文章にまとめることを得意としているはずです。

　そこで、彼女の一日がどういうものになりそうかから考えて、「日記を生成し、ブログに投稿するプログラム」を作っていこうと思います。ツイートのときと同様、①これぞ栞ちゃんの日記といえるよう

なテキストを生成する、②そのテキストをブログに投稿するプログラムを作る、という2段階で進めていきましょう。

まずは日記にどのような文章を書くかを考えていきます。

彼女は自分の好きなものを集めることが好きです。毎日「まとめノート」に何が手元に集まってきたかを書くほどです。ですからきっと、日常生活の中で起きた素敵なことや面白かったことも、自分の感想とともに集めたいと思っているのではないかと考えました。単にある出来事について反省したり、思ったりしたことを書くのではなく、「印象的だったこと」とそれに対する自分の考えや感情を組み合わせた文章になるのではないでしょうか。そこで、このような文章になるのではないかという一例を考えてみました。

> 中学生のころから使っていた古いシャーペンがついに壊れてしまって、今日から新しいシャーペン！ 手に持ったときの感覚が少し違うだけで一気に新鮮な気持ちになるから不思議。
> 今日は国語の小テストが上手くいかなかったり、シャーペンが壊れたりしたけれども、唯一よかったと思えたのは、予備校の帰りにタコの大きなぬいぐるみを見つけたこと。これがかわいかった！ 両手でも抱えきれるか怪しいくらい大きなタコって本来はこわいはずなのに、なぜか「かわいいな、ものすごく欲しいな〜」と思ってしまった。来月まで残っていたらお小遣いで買おうと思う。お母さんには「またこんな大きなぬいぐるみを買って！」って怒られるかもしれないけれど、私はかわいいものに目がないので……。

日記というのは基本的にXのポストとは違い、他人には見せない前提ということがほとんどでしょう。だから、自分の心の中を吐露するように書けるのです。このため、日記の書き口はポストに見られるような語り口とは変わってくるはずです。

また、一日の終わりに書くことが多いでしょうから、日記のネタになる「一日の出来事」を生成し、その内容を日記という形の文章にするとよさそうです。

そこでまずは、一日の出来事の生成を目標とし、そこから日記の

生成ツールを作成、最後に投稿する機能を追加するという順番で作っていこうと思います。

　最初に、一日の出来事を考えてみましょう。栞ちゃんのキャラクター像を設計するときに一度「こういう一日になる」というのを考えましたね。まずはその内容を再確認しておきます。もちろん、この段階でその内容を修正したり、場合によっては一から作り直したりしてもかまいません。

　ここでは、さしあたり同じものを確認しておこうと思います。

平日

- 朝〜昼………自宅から登校。学校までは電車で移動。学校では授業
- 夕方…………学校が終わり次第、予備校に移動。予備校までは電車を使う
- 夕方〜夜……予備校での勉強。文系？
- 夜……………予備校から帰宅。日記をつけるなど、少しだけゆっくり過ごして就寝

休日

- 基本的には一日中受験勉強。とはいえ、リフレッシュで趣味に数時間だけ使う
- 趣味は自分の好きなものを雑多にまとめた「まとめノート」の制作

　これをもとに、何かしらの出来事、つまり書くべきトピックを考えてみましょう。どういうアプローチでもいいのですが、ここでは彼女がいる場所からイベントを考えてみようと思います。そこで、上記の一日から何かが起きそうな場所もしくは場面を抜き出しました。それをまとめたのが次のテキストです。場面によってはそこで何が起きそうかも考えてみました。

- 家→学校············ お気に入りの花が咲いてた、犬が吠えてきた、電車の状況
- 学校·················· 授業の進捗や友達との会話、学祭等のイベント
- 学校→予備校····· 電車での出来事
- 予備校··············· 英語の小テストがうまくいかなかった
- 予備校→家········ 移動中にちょっと立ち寄ったベーグル屋さんの話やコンビニでの買い物など

このように、時系列順にキャラクターがいる場所を定義し、その場所ごとにイベントを生成することで、彼女の一日のイベントを生成することができそうです。

ツイートのときはたくさんのテーマを用意し、そのテーマからつぶやきを作るようにしました。日記では、テーマに相当する条件として場所を用意し、その場所をもとに出来事を生成するようにしようと思います。すでに、一日を家から学校まで、学校で、学校から予備校まで、予備校から家までと、移動経路や場所で分けているので、それぞれについて何かが起こりそうな場所をLLMに生成してもらおうと思います。そうすることで、多様な出来事を生成するできるはずというねらいがあります。

生成した場所をまとめた単語リストを作っておきます。日記プログラムでは、その単語リストをもとに場所を選び、そこで起きるイベントとそれに対する日記を生成するタスクをLLMに投げる設計にしようと思います。

まずは、場所を示す単語リストを作るために、家→学校、学校、学校→予備校、予備校、予備校→家のそれぞれで、イベントを作ってもらいましょう。そこで、次のようなプロンプトを考えました。

Prompt

名前：栞（しおり）
性別：女
年齢：18歳
出身：東京
性格：優しい、物静か、利他的、言語優位、感受性が強い
好み：甘いもの、コーヒー、本、静かな音楽、パズルゲーム
苦手なもの：攻撃的なもの
以上の女の子の一日のイベントを作るツールを作ろうとしています。

家→学校 お気に入りの花が咲いてた、犬が吠えてきた、電車の状況
学校：授業の進捗や友達との会話、学祭等のイベント
学校→予備校：電車での出来事
予備校：予備校でのできごと
予備校→家：移動中にちょっと立ち寄ったベーグル屋さんの話やコンビニでの買い物等
家：晩ごはんが美味しかったなどの家での出来事

このように、時系列順にキャラクターがいる場所を定義し、その場所ごとにイベントを生成することで、彼女の一日のイベントを生成することができそうです。
ただし、これを毎回LLMに投げると、どうしてもinputが固定になってしまうので多様性が失われるように思います。
そこで
- 家→学校：花
- 学校：友達
- 学校→予備校：電車
- 予備校：課題
- 予備校→家：コンビニ
のように、各場所に対して単語をrandomで選び、それを上記のよう

な短文に変換するタスクにしようと思います。
このような、家→学校のイベントとして使えそうな単語を50個記載してください。

このとき、生成された単語リストの中にイメージと大きく違うもの、たとえば時期が春なのに「紅葉」や「落ち葉」といった単語が混ざっていることがあります。そういうときは自分の判断で削除しておきましょう。

これを家→学校だけでなく、他の場所でも同様にやってもらいます。これにより5種類の単語リストができるわけです。

作成した単語リストは、それぞれ次のファイルに保存します。

- 家→学校 ………… home_to_school.txt
- 学校 ………………… school.txt
- 学校→予備校 …… school_to_cram_school.txt
- 予備校 ……………… cram_school.txt
- 予備校→家 ………… cram_school_to_home.txt
- 家 …………………… home.txt

各ファイルは、プログラムを置くフォルダ内に用意したstorageフォルダに、さらにdaily_things_wordsフォルダを作り、そこに配置することにしました。以降のプログラムはそれを前提にしています。

それではこの単語リストを利用して、栞ちゃんの一日のイベントを生成するプロンプトと、コードを作ってみましょう。

一日の出来事を生成

　それでは彼女の一日のイベントを生成するプロンプトと、コードを作ってみましょう。まずは、この設計で出来事を短文で生成できるか、次のようなプロンプトで確かめてみようと思います。

Prompt ▶

下記キャラクターの一日の出来事を、入力された単語をテーマにして一文で生成すること。

キャラクター設定
名前：栞（しおり）
性別：女
年齢：18歳
出身：東京23区
国籍：日本
社会的な立場：高校3年生、受験期
性格：とても優しく落ち着いていて、感受性が強い→他人の攻撃的な側面にとても弱い。それは攻撃性だけでなく、なんとなくの悪意であったり過度な利己的感情であったり、そういう「他人を貶める」とか「他人に加害を加える」というものに敏感だし、それが感じられると感情が引っ張られる。優しいから、理想は皆が協力して色々な物事が動けばよいと思っている。一方で利己的な人間が沢山いることも理解している。だから利己的な人間がそれ故に自分にきつい態度をとっても、そのことで怒ったりはしない（自分の理想をおしつけることはしないから）。でも単純に傷つくし、哀しい。また、そういう人を「利己的である」という理由から、自分が見知らぬうちに冷遇したり傷つけないかを恐れている。

[考慮事項]
季節：春
部活：文芸部

入力例
家→学校：寝坊
学校：昼休み
学校→予備校：喫茶店
予備校：小テスト
予備校→家：コンビニ
家：星空

出力例
家→学校：目覚ましを入れ忘れて寝坊した
学校：友達が昼休みにコケて弁当を床に落とした
学校→予備校：喫茶店で新作のコーヒーを飲んだ
予備校：小テストで名前を書き忘れて怒られた
予備校→家：コンビニでコッソリ買った肉まんが凄い美味しかった
家：窓をみたら星空がきれいに見えた

　「キャラクターの1日の出来事を、入力された単語をテーマにして一文で生成する」というタスクの指定、キャラクターの指定、入力例と出力例は、Xのポストでも同様の考え方でプロンプトを作成しました。ここでは、追加で考慮すべき点として「考慮事項」という項目を作り、季節が春で、部活は文芸部であることもプロンプトに書き加えました。これは、日記を生成したときに、出力ごとに想定外の出来事が発生しないようにすることを目的としています。どういうことかというと、たとえば2回、このプログラムを動作させたとします。1回目は「桜の花びらが舞っていたから桜をテーマにした小説を部活で書いた」という出力になったのに対して、2回目は「部活の

練習をしていたらサッカーボールの横に紅葉の葉っぱが落ちてきて秋を感じた」というような出力になったとします。そうなると、出力からキャラクターとしての一貫性が致命的に失われてしまいます。ほぼ同じ時期の日記なのに季節が大きく変わるのも論外ですし、部活も生成するごとに毎回変わってしまうのもあり得ません。

このように、あとあとのステップでキャラクターに入れておくべきだった情報の漏れが判明することは多々あります。今回だと「部活」や「季節」について考慮していませんでした。キャラクターの設計に戻って、キャラクターシートに入れておくべき内容でしょう。こんな風に必要に応じて、設計まで立ち戻るのは何の問題もありません[*1]。

このプロンプトは、daily_things_make_prompt.txtというファイルに保存して、以降のプログラムから利用できるようにしておきます。

● **出来事を生成するコードで動作を確認する**

このプロンプトが適切に動作して、望ましい出来事を生成できるかどうかをプログラムで確かめてみようと思います。

外部ファイルとして

/storage/daily_things_words/から読み込むファイル

- home_to_school.txt
- school.txt
- school_to_cram_school.txt
- cram_school.txt
- cram_school_to_home.txt
- home.txt

---

*1 本書ではすでにX用のプロンプトを作っています。「部活」についての情報などは、ツイートのプロンプトにも反映したほうがいいかもしれませんね。

/storage/から読み込むファイル

- daily_things_make_prompt.txt

をプログラム中で読み込みます。

イベントをランダムに作成するところに注目して、次のコードを読んでみてください。

コード6-1 　一日の出来事を生成するプログラム（daily_things_maker.py）

```
01  import random
02  from pydantic import BaseModel
03  from openai_adapter import OpenAIAdapter
04
05
06  class Event(BaseModel):
07      file_name: str
08      place: str
09      thing: str
10
11
12  def load_random_events() -> list[Event]:
13      event_list = [
14          {"file_name": "home_to_school", "place": "家→学校"},
15          {"file_name": "school", "place": "学校"},
16          {"file_name": "school_to_cram_school", "place": "学校→予備校"},
17          {"file_name": "cram_school", "place": "予備校"},
18          {"file_name": "cram_school_to_home", "place": "予備校→家"},
```

```python
            {"file_name": "home", "place": "家"},
        ]
        events = []
        for event in event_list:
            with open(f"storage/daily_things_words/{event['file_name']}.txt", "r", encoding="utf-8") as f:
                random_event = random.choice(f.read().splitlines())
            events.append(
                Event(file_name=event["file_name"],
                    place=event["place"], thing=random_event))
        return events


class DailyThingsMaker:
    def make() -> str:
        events = load_random_events()
        with open("storage/daily_things_make_prompt.txt", "r", encoding="utf-8") as f:
            system_prompt = f.read()

        adapter = OpenAIAdapter()
        daily_things: list[Event] = []
        for event in events:
            res = adapter.create_structured_output([adapter.create_message(
                "system", system_prompt), adapter.create_message("user", event.place+" : "+event.thing)],
                Event)
            daily_things.append(res)
        return "\n".join([f"{event.place}:{event.
```

```
                         thing}" for event in daily_things])
43
44
45  if __name__ == "__main__":
46      res = DailyThingsMaker.make()
47      print(res)
```

　出来事そのものを生成しているのはmain関数ですが、その生成に必要なテーマ（単語）を単語リストの中からランダムに拾ってくるのが、load_random_events関数です。

　この関数が、家→学校、学校、学校→予備校、予備校→家、家という、一日を分割した5つのシーンごとに作られた単語リストから、シーンごとに単語を選びます。

　daily_things_make_prompt.txtの内容をシステムプロンプト、load_random_events関数により選んだ単語をユーザープロンプトとしてLLMに渡します。プログラムを実行するたびに選ぶ単語がランダムに変わるので、多様な出来事を生成できるわけです。

　試しにdaily_things_maker.pyを実行してみると、次のような出力が得られることが確認できます。

駅前のカフェ：友達と遅れて合流したが、優しい微笑みで迎えてくれた。
学校：授業中、隣の席の男子が消しゴムを落としたので私が拾って渡したら、彼が心からの笑顔でありがとうと言ってくれて心が和んだ。
薬局：風邪薬を買いに行ったが、店員さんがとても親切で心が温かくなった。
学校：昼休みに問題集を友達と一緒に解いた
学校→予備校：花屋で見た可憐な花々が心を和ませてくれた
家→学校：スマートフォンを握りしめたまま寝てしまい、朝目覚めたらバッテリーが切れていて焦った。

生成した出来事から日記を作成

　ここまでで一日の出来事を生成することができるようになりました。そこで次は日記文の生成です！

　日記に関してはそのキャラクター（ここでは栞ちゃん）らしさを出すために、どのような文体にしたいのか、どのような思考をしてほしいのかを指定し、FewShotをすることで近い文章が出るようになります。本書ではここまでプログラムから利用するときはOpenAIのLLMを使ってきました。もし、「何かちょっと違うな」と思った場合は生成するサービスを変えてみてもいいでしょう。

　日記についても、最初は自分で「こんな感じになるはず」という自分のイメージをもとに、まずは自分で見本を書いてみましょう。これは、つぶやきを作ったときや、一日の出来事を作ったときと同様に、最初は自分で作ります。つぶやきや出来事ならばともかく、見本とはいえ自分で日記を書くのは得意ではないという人もいるでしょう。でも、最初からLLMに頼ってしまうと、自分の頭の中にある「こんな感じの日記」を生成するのはほとんど不可能です。それらしく日記を書いてくれるとは思いますが、皆さんの頭の中にある、自分のキャラクターだったら「こういうことを書いてくれるはず」「こういう文体で書いてほしい」というイメージは、皆さんの頭の中にしかありません。LLMは皆さんにそのイメージを具体的に教えてもらわない限り、再現することはできないのです。

　そこで、できればいくつかは自分で日記を書いてみてください。それにより、少しでも頭の中にあるイメージを見本に落とし込むことができます。この見本を作っておくことにより、それをLLMに対してFew-Shotとして示すことができるわけです。最初の一歩目は、LLMではなく、自分で作るようにするのが、結局はいい出力を得るためにベストの方法です。

ここでは、僕もがんばって３つの見本を作ってみました。このくらいの感じの見本を作ればいいという例として見てください。

Prompt ▶

出来事
家→学校：お気に入りの花が咲いていた
学校：隣の席の子に教科書を見せてあげた
学校→予備校：夕焼けが凄い綺麗だった
予備校：英語の小テストがうまくいかなかった
予備校→家：コッソリ食べた菓子パンが凄い美味しかった
家：とくになし

日常の中にある可愛いもの、美しいものをきちんと発見できるということは、英語の小テストがうまくいくことよりも大事だと、思う、多分…

今日は素敵なものを見つけることができて、例えば学校に行く途中の名前がわからない花、夕焼けに染められた雲、こっそり食べた菓子パン、あとは隣の席の子に教科書を見せたときの「ありがとう」って笑顔とか。

英語のテストは散々だった！だから受験生としての私の一日としては「駄目な日」になってしまう。数年後にこの日の小テストの紙を見たら「あ〜、多分この日は嫌な一日だっただろうな〜」って振り返っちゃうと思うけど、でも全然そんなことなくて！だから日記に、そんなことないよ、素敵な一日だったよ〜って書くんです。

　この見本では、家から登校する途中でお気に入りの花が咲いていたのを見つけたこと、学校から予備校に向かうときに見た夕焼けがとてもきれいだったこと、予備校の授業で受けた英語の小テストがおもわしくなかったことをもとに、3種類の見本を考えてみました。
　これは、出来事を先に考えてから、それをテーマに日記を書くや

り方です。この方法でもいいですし、逆に日記を先に書いてから、辻褄を合わせるように出来事を考え出すのもよいでしょう。ちょっとそのやり方で見本を作ってみましょうか。

> **Prompt** ▶
>
> 家→学校：校門をくぐったら、桜の花びらが舞っていた
> 学校：放課後に友達と文芸部の課題について話し合った
> 学校→予備校：とくになし
> 予備校：休校だったのを忘れていた
> 予備校→家：とくになし
> 家：とくになし
>
> 今年も桜の季節がやってきました。桜はすぐに散ってしまうので、嫌いではないけれど大好きというほどではありません。でも毎年見てしまうのはなんでだろう…
> 所属している文芸部では一週間に一回課題が出ていて、明後日提出なのに半分くらいしか出来上がってない。友達に進捗を聞いたら「大体完成したよ〜」って言ってて焦ります。まぁ今日と明日頑張れば間に合うかな？折角予備校も休校だし、（休校なのを忘れて入口まで行ってしまったのは秘密）、あとでちょっと進めようと思う。

　書式として先に出来事のほうを列挙していますが、このときは後半の日記のほうを先に考えました。そこから出来事にあたることをピックアップして、それにふさわしいシーンに割り当てています。このため、出来事がないシーンもあるわけです。もしかすると、文体を表現する見本を作るには、このほうがいいかもしれませんね。
　大事なのは「出来事と日記のペア」の見本を作ることです。そのためにどういう方法を取るかは、重要ではありません。自分にとってやりやすい方法を見つけてください。

● 日記を生成するプロンプトを作る

見本が書けたので、これをもとにプロンプトを作りましょう。このプロンプトではLLMに対してシナリオライターという役割を与え、日記を書くよう求めます。もちろん、栞ちゃんの設定はこれまでのプロンプトと同じで、出来事と日記例もプロンプトで与えます。

ここでは、次のようなプロンプトにしてみました。

Prompt ▶

あなたはシナリオライターである。以下の設定に基づいて日記を書く。

キャラクター設定
名前：栞（しおり）
性別：女
年齢：18歳
出身：東京23区
国籍：日本
社会的な立場：高校3年生、受験期
性格：とても優しく落ち着いていて、感受性が強い→他人の攻撃的な側面にとても弱い。それは攻撃性だけでなく、なんとなくの悪意であったり過度な利己的感情であったり、そういう「他人を貶める」とか「他人に加害を加える」というものに敏感だし、それが感じられると感情が引っ張られる。優しいから、理想は皆が協力して色々な物事が動けばよいと思っている。一方で利己的な人間が沢山いることも理解している。だから利己的な人間がそれ故に自分にきつい態度をとっても、そのことで怒ったりはしない（自分の理想をおしつけることはしないから）。でも単純に傷つくし、哀しい。また、そういう人を「利己的である」という理由から、自分が見知らぬうちに冷遇したり傷つけないかを恐れている。

出来事が入力されるので、その出来事に沿った日記を書く。ただし、そのままなぞるのではなく、一文に要約しつつ、自分の気持ちを丁寧に描くこと。

[入力例]
出来事
家→学校：特になし
学校：中学から使っていたシャーペンが壊れた
学校→予備校：特になし
予備校：国語の小テストがうまくいかなかった
予備校→家：可愛いタコの大きなぬいぐるみを見つけた
家：とくになし
[出力例]
中学校から使っていた古いシャーペンがついに壊れてしまって、今日から新しいシャーペン！持つ感覚が少し違うだけで一気に新鮮な気持ちになるから不思議。
国語の小テストが上手くいかなかったりシャーペンが壊れたりした今日を振り返った時に、唯一良かったと言えることは予備校の帰りにかわいいタコの大きなぬいぐるみを見つけたこと。両手で抱えきれるか怪しいくらい大きなタコって本来は怖いはずなのに、何故か「かわいいな、凄い欲しいな〜」と思ってしまった。来月まで残っていたらお小遣いで買おうと思う。「また大きなぬいぐるみを買って！」ってお母さんに怒られるかもしれないけれど、私はかわいいものに目がないので。。。

[入力例]
出来事
家→学校：お気に入りの花が咲いていた
学校：隣の席の子に教科書を見せてあげた
学校→予備校：夕焼けが凄い綺麗だった

予備校：英語の小テストがうまくいかなかった
予備校→家：コッソリ食べた菓子パンが凄い美味しかった
家：とくになし
[出力例]
日常の中にある可愛いもの、美しいものをきちんと発見できるということは、英語の小テストがうまくいくことよりも大事だと、思う、多分…

今日は素敵なものを見つけることができて、例えば学校に行く途中の名前がわからない花、夕焼けに染められた雲、こっそり食べた菓子パン、あとは隣の席の子に教科書を見せたときの「ありがとう」って笑顔とか。

英語のテストは散々だった！だから受験生としての私の一日としては「駄目な日」になってしまう。数年後にこの日の小テストの紙を見たら「あ〜、多分この日は嫌な一日だっただろうな〜」って振り返っちゃうと思うけど、でも全然そんなことなくて！だから日記に、そんなことないよ、素敵な一日だったよ〜って書くんです。

[入力例]
家→学校：校門をくぐったら、桜の花びらが舞っていた
学校：放課後に友達と文芸部の課題について話し合った
学校→予備校：とくになし
予備校：休校だったのを忘れていた
予備校→家：とくになし
家：とくになし
[出力例]
今年も桜の季節がやってきました。桜はすぐに散ってしまうので、嫌いではないけれど大好きというほどではありません。でも毎年見てしまうのはなんでだろう…

所属している文芸部では一週間に一回課題が出ていて、明後日提出なのに半分くらいしか出来上がってない。友達に進捗を聞いたら「大体完成したよ〜」って言ってて焦ります。まぁ今日と明日頑張れば間

> に合うかな？折角予備校も休校だし、（休校なのを忘れて入口まで行ってしまったのは秘密）、あとでちょっと進めようと思う。

　このプロンプトをdiary_maker_prompt.txtとしておきます。やっていることはこれまでと変わりません。栞ちゃんの設定を渡して、入力と出力のペアを例として提示しているだけです。強いて言うなら

> 出来事が入力されるので、その出来事に沿った日記を書く。ただし、そのままなぞるのではなく、一文に要約しつつ、自分の気持ちを丁寧に描くこと。

とすることで、「日常で起きた素敵なことやおもしろかったことを自分の感想とともに集めたいので、内省や思ったことを書くのではなく、印象的だったこととそれに対する自分の考えや感情を組み合わせた文章を作ってもらいたい」という栞ちゃん（を作った僕）の要望を表現しました。逆に言うとその点以外は、日記だからということを意識して深く追求したりはしていません。

　プロンプトは詳細な指示であればあるほど、自分の達成したい出力に近づきます。一方、詳細な指示であるほど、プロンプトの管理が面倒になります。たとえば栞ちゃんの年齢や考え方が変わったとき、すぐにすべて直せるでしょうか？　長いプロンプトになればなるほど、修正の手間はかかります。そうした点も考え合わせて「そもそもこの指示の仕方は適切か、抽象的な指示をしていないか」という点については、ときどき立ち止まって確認することをお薦めします。

● 日記を作るプログラムでプロンプトを検証する

　では、このプロンプトを次のプログラムで検証してみましょう。期待しているような日記が生成できるか、確認してみようと思います。

コード6-2 日記を生成するコードでプロンプトを評価する (test_diary_maker_openai.py)

```python
from openai_adapter import OpenAIAdapter

adapter = OpenAIAdapter()

with open("storage/diary_maker_prompt.txt", "r",
                                    encoding="utf-8") as f:
    system_prompt = f.read()

# ここをあとで一日生成機で作成する
user_prompt = """
家→学校：目覚ましを入れ忘れて寝坊した
学校：友達が昼休みにコケて弁当を床に落とした
学校→予備校：喫茶店で新作のコーヒーを飲んだ
予備校：小テストで名前を書き忘れて怒られた
予備校→家：コンビニでコッソリ買った肉まんが凄い美味しかった
家：窓をみたら星空がきれいに見えた
"""

res = adapter.chat_completions([adapter.create_
                                                    message(
    "system", system_prompt), adapter.create_
                    message("user", user_prompt)])

print(res.choices[0].message.content)
```

　このプログラムでは生成される日記の内容や文体を確認したいため、さしあたりuser_promptはプログラムの中で記述することにしています（10〜15行目）。それ以外の部分は、これまでにも出

てきたコードばかりです。基本的には、基本的な設定や出力例を記述したテキストファイルをシステムプロンプトとして読み込み、出来事をユーザープロンプトとして引き渡すという構造は、ツイートを生成するプログラムと同じです。ツイートのときは出来事の代わりにテーマをユーザープロンプトにしていたという違いがあるだけと言っていいでしょう。

　このプログラムを実行したところ、次のようなテキストが生成されました。

▶ **Output**

今日は朝の6時に起きる予定だったのに、目覚ましをセットするのを忘れて寝坊してしまった。おかげでバタバタと慌ただしいスタート。学校についたら、友達が昼休みに転んでしまって、お弁当を床にばらまいてしまった。見ていて本当にかわいそうだったけれど、周りのみんなで少しずつ弁当のおかずを分け合って、なんとか笑顔にさせることができた。その場面に一緒にいられてよかったな。

学校が終わって、予備校に行く途中に立ち寄った喫茶店で、新作のコーヒーを試してみた。ちょっとしたリフレッシュになって、気分が少しだけ上向いた気がする。でも、予備校で受けた 小テストで、焦りすぎて名前を書き忘れるという大失態を犯してしまった。先生に怒られて、穴があったら入りたい気分。

予備校の帰りに立ち寄ったコンビニで、つい誘惑に負けて肉まんを買ってしまったけれど、それが予想以上に美味しかったのが幸いだ。家に帰って窓を見たら、今日は星空が本当に綺麗に 広がっていた。こんなにも沢山の出来事があった日でも、最後に美しいものを目にすると、不思議と心が落ち着く。

今日は色々あったけれど、こうして振り返ると、一つ一つの出来事が

織りなす日々が大切なんだなって思う。少しでも優しい気持ちでいられたら、それで良いのかな。

　これはかなりいいですね！　僕が頭の中に描いていた日記のイメージをほぼほぼ実現できた感じがします。きちんと出力できたと考えてよさそうです。
　もし皆さんが自分でやってみたときに、出力のクオリティに不満がある場合は、まずFew-Shotの数を増やしてみましょう。より多くの具体例を示すことで、自分のイメージに近づけられないかというアプローチです。
　それでも不満が解消されない場合は、他のLLMサービスを試すことも検討するといいでしょう。本書ではここまでプログラムからはOpenAIを使ってきましたが、キャラクターの設計でも利用したClaudeだと同じプロンプトでも次のように出力が変わります。

▶ **Output**

寝坊から始まったドタバタな一日でしたが、最後に見た星空が全てを癒してくれました。
朝から慌ただしく、友達の弁当が床に落ちてしまったときは本当に胸が痛みました。友達は笑って「大丈夫だよ」と言ってくれましたが、きっと内心では悲しかったはず。私にできることと言えば、おにぎりを分けてあげることくらいでしたが、それでも少しは役に立てたかな。
予備校での小テストで名前を書き忘れて怒られたのは、正直ショックでした。先生の言葉は決して悪意があるわけではないとわかっていても、急に大きな声で注意されると心が縮こまってしまいます。でも、それは私のミスだったから仕方ないのかもしれません。
そんな中で、新作のコーヒーや美味しい肉まんは小さな幸せでした。特に肉まんは、なんだかちょっと罪悪感があるけれど、その分余計に美味しく感じられました。コッソリ買って食べるのって、なんだかドキドキして楽しいです。
そして夜、窓から見えた星空。きっと昨日も、一昨日も輝いていたは

> ずなのに、今日初めて気づきました。ほんの少し首を上げるだけで、こんなに美しい景色が見られるんだなって。寝坊したり、怒られたり、友達の不幸を見たりと、色々あった一日でしたが、最後にこの星空を見られて本当に良かった。明日はもっと周りのことに気を配れるようになりたいな。そうすれば、きっともっと多くの美しいものや優しいことに気づけるはず。そう思いながら、今日は眠ることにします。

どちらがしっくりくるかは、キャラクターを作った本人にしかわかりません。もしかするとさらに他のLLMを使ったほうがいいというケースもあるでしょう。

● プログラムで出来事と日記を自動生成する

プロンプトと出力に合格点を出せたので、コード6-1でテストした一日の出来事生成機能と連結することで、出来事を生成し、その出来事をもとに日記を生成するところまで自動化するプログラムに仕上げてみます。

出来事を生成するコードは、コード6-1のdaily_things_maker.pyの中でload_random_events関数として実装してあります。そこで、コード6-2のtest_diary_maker_openai.pyでは、daily_things_maker.pyをモジュールとして読み込み、load_random_events関数を呼び出せるようにします。そして、固定的にプログラム内で記述していたイベントを、load_random_events関数で生成するようにしました。

具体的には次のコードです。

コード6-3　一日の出来事とそれに基づく日記を自動生成するプログラム
　　　　　（diary_maker_openai.py）

```
from daily_things_maker import DailyThingsMaker
from openai_adapter import OpenAIAdapter


adapter = OpenAIAdapter()

with open("storage/diary_maker_prompt.txt", "r",
                                    encoding="utf-8") as f:
    system_prompt = f.read()

daily_things = DailyThingsMaker.make()

user_prompt = daily_things
res = adapter.chat_completions([adapter.create_message(
    "system", system_prompt), adapter.create_message("user", user_prompt)])
print(f"出来事：{daily_things}")
print(f"日記：{res}")
```

　これで「栞の日記作成ツール」を作ることができました！　次の章では、生成した日記を実際にブログサービスに書き込むところを作っていきます。

Chapter 7

ブログで日記を公開する プログラムを作る

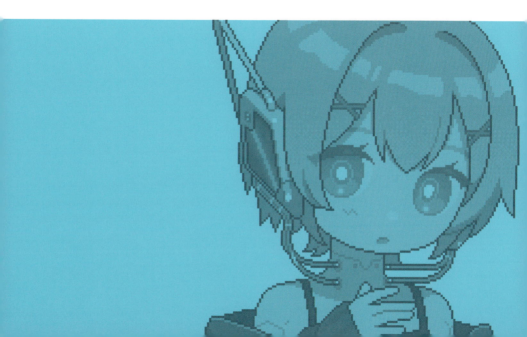

前章で、栞ちゃんの日記を作るプロンプトとプログラムができました。自分のキャラクターの日記を日々生成し、パソコン上で読むだけでも楽しいですが、せっかくならこれをインターネットで公開するところまでやってみましょう。そこで本章では、生成した日記をブログに投稿するところまで、プログラムで自動化しようと思います。

　ここでは、はてなが提供する「はてなブログ」を対象に、生成した日記を投稿するプログラムを作ります。

　このため、本書のプログラムを試すには「はてなID」が必要になります。お持ちでない場合は、あらかじめ作成しておいてください。

ブログに投稿する準備

　最初に、プログラムからブログにアクセスするための準備をします。「はてなブログ」（https://hatena.blog/）を開いたら、ページ上部の右端にあるアカウントのアイコンをクリックします。

図7-1 「はてなブログ」(https://hatena.blog/) を開き、アカウントのアイコンをクリック (❶)。開いたメニューから「アカウント設定」を選ぶ (❷)

　するとメニューが開くので、「アカウント設定」を選びます。

　「アカウント設定」ページが開いたら、ページ下部までスクロールします。すると「APIキー」という項目があります。そこに表示されている文字列をコピーします。

図7-2 「アカウント設定」のページに表示されたAPIキーを控えておく

　続いて、ページ左側のナビゲーションメニューから「設定」を選び、「詳細設定」タブに切り替えます。

図7-3 画面左のナビゲーションメニューから「設定」(❶)を選び、「詳細設定」タブを表示する(❷)

詳細設定には「AtomPub」という項目があります。AtomPubは、外部のプログラムから記事の投稿などを実行する際に使うAPIです。

図7-4 「AtomPub」に表示されたルートエンドポイントのURLを控えておく

　ここで必要なのは「ルートエンドポイント」です。APIを利用する際にこのURLを利用するので、コピーして控えておいてください。この下の項目にある「APIキー」は、図7-2でコピーしたものを参照するだけなので、ここでは確認しなくてかまいません。

　AtomPubを通じて投稿などを実行する際には、Basic認証と呼ばれる方式での認証が必要です。これは、プログラムのところで説明します。

　これで、プログラムからはてなブログに投稿するために必要な情報がそろいました。

● **ブログとの疎通をテストする**

　では、APIキーとAtomPubを使ってプログラムからブログに記事を投稿できるか、テストしてみましょう。最初は投稿された記事の一覧を取得できるかを試してみます。まだ何も記事を投稿していない人は、テスト用に記事を投稿しておいていください。

コード7-1　「はてなブログ」から記事リストを取得できるかテストするプログラム (test_hatena_get.py)

```python
import feedparser
import requests
from requests.auth import HTTPBasicAuth
import os
import dotenv

dotenv.load_dotenv()

hatena_id = os.getenv("HATENA_ID")
blog_id = os.getenv("HATENA_BLOG_ID")
url = f"https://blog.hatena.ne.jp/{hatena_id}/{blog_id}.hatenablog.com/atom"
key = os.getenv("HATENA_KEY")
# /entryエンドポイントを使用してデータを取得するための変数を設定
endpoint = "/entry"
req_endpoint = f"{url}{endpoint}"
# GETリクエストを送信
response = requests.get(req_endpoint,
                        auth=HTTPBasicAuth(hatena_id, key),
                        headers={'Content-Type': 'application/xml'})

if response.status_code == 200:
    print("ok")
else:
    print(f'Failed to get data: {response.status_code}')
    exit(1)
```

```python
26  response_xml = response.text
27  print(response_xml)
28
29
30  # レスポンスのXMLをパースして、記事のタイトルとURLを取得
31  feed = feedparser.parse(response_xml)
32
33  # ブログタイトル作成
34  print(feed)
35  # 型を確認
36  print(type(feed))
37  blog_title = feed.feed.title
38  feed_number = len(feed.entries)
39  print(f'Blog Title: {blog_title}')
40  print(f'Feed Number: {feed_number}')
```

このプログラムでやっているのは

① Basic認証の認証情報とともに、記事の一覧をリクエストする
② XML形式で返されたデータを、辞書データに変換する
③ ブログタイトルとブログ記事数を確認する

という処理です。①のリクエストのためにrequests、②のXML形式データの操作のためにfeedparserというライブラリをそれぞれインストールしておきます。Basic認証に必要なHTTPBasicAuthはrequests.authに同梱されています。

Basic認証は、一般的なIDとパスワードを使った認証です。認証に必要なはてなIDやブログID、APIキーなどの情報は環境変数に格納してプログラムから呼び出すようにしました（9～12行目）。

必要な環境変数は

- HATENA_ID ………………… 自分のはてなアカウント
- HATENA_BLOG_ID …… 図7-4で控えたルートエンドポイントのURL
- HATENA_KEY …………… 図7-2で控えたAPIキー

の3項目です。これまでの環境変数と同様に、.envファイルに追記しておいてください。

これを実行すると、次のようにデータが出力されました。取得したXMLデータ、XMLデータをもとに辞書形式にまとめ直したデータ、このデータのデータ型、ブログタイトル、記事数が出力されているはずです。その内容を確かめてみましょう。

```
<?xml version="1.0" encoding="utf-8"?>
<feed xmlns="http://www.w3.org/2005/Atom"
    xmlns:app="http://www.w3.org/2007/app">

  <link rel="first" href="https://blog.hatena.ne.jp/sald_ra/*************.hatenablog.com/atom/entry" />


  <title>sald_raの日記</title>

  <link rel="alternate" href="https://*************.hatenablog.com/"/>
  <updated>2024-09-23T17:54:51+09:00</updated>
  <author>
    <name>sald_ra</name>
  </author>
  <generator uri="https://blog.hatena.ne.jp/" version="4dfc8eca364691e25a8d344ec8dbcc">Hatena::Blog</generator>
```

```
            <id>hatenablog://blog/680***************</id>



</feed>

{'bozo': False, 'entries': [], 'feed': {'links':
[{'rel': 'first', 'href': 'https://blog.hatena.
ne.jp/*******/**************.hatenablog.com/atom/
entry', 'type': ' text/html'}, {'rel': 'alternate',
'href': 'https://*************.hatenablog.com/', 'type':
'text/html'}], 'title': '*******の日記', 'title_detail':
{'type': 'text/plain', 'language': None, 'base': '',
'value': '*******の日記'}, 'link': 'https://**************.
hatenablog.com/', 'updated': '2024-09-23T17:54:51+09:00',
'updated_parsed': time.struct_time(tm_year=2024, tm_mon=9,
tm_mday=23, tm_hour=8, tm_min=54, tm_sec=51, tm_wday=0, tm_
yday=267, tm_isdst=0), 'authors': [{'name': '*******'}],
'author_detail': {'name': '*******'}, 'author': '*******',
'generator_detail': {'version': '4dfc8eca364691e25a8d344
ec8dbcc', 'href': 'https://blog.hatena.ne.jp/', 'name':
'Hatena::Blog'}, 'generator': 'Hatena::Blog', 'id':
'hatenablog://blog/680***************', 'guidislink':
False}, 'headers': {}, 'encoding': 'utf-8', 'version':
'atom10', 'namespaces': {'': 'http://www.w3.org/2005/
Atom', 'app': 'http://www.w3.org/2007/app'}}
<class 'feedparser.util.FeedParserDict'>
Blog Title: *******の日記
Feed Number: 0
```

と出力できました。これなら問題ないでしょう。はてなブログ側から想定通りの出力を得られたので、無事疎通できていることが確

認できました[*1]。

ブログに投稿するプログラム

疎通確認と同じように、テスト用の記事で投稿ができるかテストしてみましょう。

コード7-2 「はてなブログ」に記事リストを投稿できるかテストするプログラム（test_hatena_post.py）

```
01  import requests
02  from requests.auth import HTTPBasicAuth
03  import dotenv
04  import os
05
06
07  dotenv.load_dotenv()
08
09
10  hatena_id = os.getenv("HATENA_ID")
11  blog_id = os.getenv("HATENA_BLOG_ID")
12  url = f"https://blog.hatena.ne.jp/{hatena_id}/{blog_
                                id}.hatenablog.com/atom"
13  key = os.getenv("HATENA_KEY")
14  # /entryエンドポイントを使用してデータを取得するための変数を設定
15  endpoint = "/entry"
16  req_endpoint = f"{url}{endpoint}"
```

---

*1 個々のブログや記事に固有の情報は、一部をアスタリスクでマスクしているところがあります。

```python
17  # test_post_data.xmlを読み込む
18  with open('test_post_data.xml', 'r', encoding='utf-8') as file:
19      data = file.read()
20
21
22  # POSTリクエストを送信
23  response = requests.post(req_endpoint, auth=HTTPBasic
                    Auth(username=hatena_id, password=key),
    headers={'Content-Type': 'application/xml'}, data=data)
24
25
26  if response.status_code == 201:
27      print("ok")
28  else:
29      print(f'Failed to post: {response.status_code}')
30      exit(1)
```

投稿するデータは、test_post_data.xmlから読み込みます（18、19行目）。はてなブログについては、次のような形式のデータをプログラムと同じ階層に用意します。テスト用のデータとしてtest_post_data.xmlを作成しておきましたが、とりあえず最低限のシンプルなデータにしてあります。

コード7-3　投稿するデータをtest_post_data.xmlとして用意した

```
01  <?xml version="1.0" encoding="utf-8"?>
02  <entry xmlns="http://www.w3.org/2005/Atom">
03      <title>これはAITuber本用のテスト記事の題名です</title>
04      <content type="text/plain">
05          これはAITuber本用のテスト記事です。ここが本文です。
06      </content>
```

```
07    </entry>
```

このようなデータ形式については、APIが用意されているサービスならば何らかのドキュメントで仕様が公開されています。はてなブログの場合は「はてなブログAtomPub」（https://developer.hatena.ne.jp/ja/documents/blog/apis/atom/）を参照します。投稿に関する仕様であれば、このページの「ブログエントリの投稿」の項を見てください。

認証情報の取り扱いについては多少異なりますが、基本的な処理の流れはコード7-1のtest_hatena_get.pyと同じで、認証情報とともにentryというエンドポイントに対してリクエストを送ります。test_hatena_get.pyの場合はGETコマンドで記事一覧を要求したのに対して、test_hatena_post.pyではPOSTコマンドでtest_post_data.xmlの内容を送信しています（23行目）。

test_hatena_post.pyにより投稿できることを確認して、次のステップに進みましょう。

● **投稿する記事を動的に編集する**

次のステップでは、test_hatena_post.pyではファイルとして用意していた投稿データを、プログラムで動的に作成しようと思います。そこで、ブログエントリを作成するためのクラスを作成し、記事タイトルや記事本文のデータから投稿用のXMLデータを生成するようにしようと思います。うまく行けば、本番プログラムでもこのクラスを利用すればいいでしょう。

具体的には次のコードです。

コード 7-4　記事投稿用のXMLデータを作るAtomEntryクラスを作る
（test_hatena_xml_maker.py）

```python
from xml.etree.ElementTree import Element, SubElement
                                                ,tostring


class AtomEntry:
    def __init__(self, title, content):
        self.title = title
        self.content = content


    def to_xml(self):
        entry = Element("entry",xmlns="http://www.
                                        w3.org/2005/Atom")
        title = SubElement(entry, "title")
        title.text = self.title
        content = SubElement(entry, "content",
                                        type="text/plain")
        content.text = self.content
        return tostring(entry, encoding='utf8',
                        method='xml').decode('utf8')


# 使用例
if __name__ == "__main__":
    entry = AtomEntry("テスト記事です", "ここが本文です")
    xml_string = entry.to_xml()
    print(xml_string)
```

はてなブログでは、投稿するデータは指定されたXMLデータにしなくてはなりません。それを生成するのがAtomEntryクラスです。XMLというのは、eXtended Markup Languageの略で、要素（Element）と呼ばれる構成要素で構造化されたデータです。要素は、タグ（<tag>）で囲まれ、他の要素や文字列を含むことができます。要素は入れ子構造を持つことができ、親要素の下に子要素（SubElement）を持つことができます。どういったデータをどういうタグで構造化するかというルール（仕様）を共有することで、記述されたデータをプログラム同士で同じ解釈をして取り扱うことができます。これにより、プログラム間で自動的にデータを受け渡すことができるようになります。ここでは、はてなブログのXML仕様に沿って投稿用データを作成することで、プログラムから自動的に記事を投稿できるというわけです。

　このコードでは、以下の流れでブログ記事のエントリ（ここではAtomエントリということにします）をXMLで表現しています。

① AtomEntryクラスを定義し、titleとcontentを属性として持たせる
② to_xmlメソッドで、エントリのXML表現を生成する
③ tostring関数を使って、XML要素ツリーを文字列に変換する
④ 生成されたXML文字列を出力する

　②のto_xmlメソッドでの処理は、もう少し分けて説明しておきましょう。このメソッドではxml.etree.ElementTreeモジュールの関数を利用します。大きくは次の

- Elementクラスをインスタンス化してentry要素を作成する
- SubElementクラスをインスタンス化してentry要素の下にtitle要素とcontent要素を追加する
- titleおよびcontentの値である文字列をそれぞれの要素のテキストに設定する

という処理をしています。3番目の各属性の値をXMLの要素のテキストに当てはめるところでは、xml.etree.ElementTreeモジュールのtostringを利用しています。

つまりこのコードは、AtomEntryオブジェクトからXML形式のAtomエントリを生成するためのコードです。XMLの構造を階層的に表現し、最終的に文字列として出力することで、Atomフィードの一部であるエントリを表現しています。

このtest_hatena_xml_maker.pyを実行することで、XML形式の投稿データが出力されることを確認できます。

● 日記作成・投稿システムとして統合する

前章からここまでで、

- 一日の出来事の生成
- 日記（ブログ）文の生成
- xmlへの変換
- ブログへの投稿

の各機能をコーディングできました！

ただし、これまでのものはバラバラのプログラムで、それぞれテスト的に動作やLLMのアウトプットを確認しながらコーディングしてきたので、本番用には不要なコードがあったり、必要な機能がなかったり、認証機能をそれぞれ持っていたりするなど整理されていません。このタイミングできちんとしたシステムとして作り、これ以降は管理しやすいようにまとめていこうと思います。これまではスクリプトを個々に作って、いわばスクリプトの集合体になっていたところを、クラスの集合体に変えます。それにより、今後は各機能を他のプログラムからも利用できるようにします。これにより、応用が利くコードになるわけです。必要に応じて機能をモジュールに分けつつ、各機能を連携させることを前提に、このタイミングで

コードを統合してみようと思います。

ここでは、3種類のプログラムに各機能を分けることにしました。それは

① 一日の出来事を生成する daily_event_maker.py
② 生成した出来事をもとに日記を作成する diary_maker.py
③ 記事タイトルと本文を投稿する hatena_entry_adapter.py

です。実行する際は、diary_maker.pyを実行します。この中でdaily_event_maker.pyの機能を呼び出して一日の出来事を生成し、それをもとに投稿データを作ります。さらにdiary_maker.pyは続けてhatena_entry_adapter.pyの機能を呼び出してブログに投稿するという動作になります。

では、一日の出来事を生成するdaily_event_maker.pyから見てください。

コード 7-5 一日の出来事を生成するモジュールの daily_event_maker.py

```
01  import random
02  from pydantic import BaseModel
03  from openai_adapter import OpenAIAdapter
04
05
06  class Event(BaseModel):
07      file_name: str
08      place: str
09      thing: str
10
11
12  class DailyEventMaker:
13      def make() -> str:
14          events = DailyEventMaker.__load_random_
```

```python
                                                    events()
        events_str = "\n".join(
            [f"{event.place}:{event.thing}" for event
                                            in events])

        with open("storage/daily_things_make_prompt.
                    txt", "r", encoding="utf-8") as f:
            system_prompt = f.read()

        adapter = OpenAIAdapter()
        res = adapter.chat_completions([adapter.
                                            create_message(
            "system", system_prompt), adapter.create_
                            message("user", events_str)])
        return res

    def __load_random_events() -> list[Event]:
        event_list = [
            {"file_name": "home_to_school", "place": "
                                                家→学校"},
            {"file_name": "school", "place": "学校"},
            {"file_name": "school_to_cram_school",
                                "place": "学校→予備校"},
            {"file_name": "cram_school", "place": "予備
                                                    校"},
            {"file_name": "cram_school_to_home",
                                "place": "予備校→家"},
            {"file_name": "home", "place": "家"},
        ]
        events = []
        for event in event_list:
```

```python
37              with open(f"storage/daily_things_words/
    {event['file_name']}.txt", "r", encoding="utf-8") as f:
38                  random_event = random.choice(f.read().
                                                splitlines())
39              events.append(
40                  Event(file_name=event["file_name"],
            place=event["place"], thing=random_event))
41      return events
42
43
44  if __name__ == "__main__":
45      print(DailyEventMaker.make())
```

続いて、メインのプログラムとなる diary_maker.py です。

コード7-6 日記を生成する diary_maker.py

```python
01  from datetime import datetime
02  from daily_event_maker import DailyEventMaker
03  from hatena_entry_adapter import HatenaEntryAdapter
04  from openai_adapter import OpenAIAdapter
05
06
07  class DiaryMaker:
08      def __init__(self):
09          with open("storage/diary_maker_prompt.txt",
                        "r", encoding="utf-8") as f:
10              self.system_prompt = f.read()
11
12      def __make(self):
13          adapter = OpenAIAdapter()
14          daily_events = DailyEventMaker.make()
```

```
15          print(daily_events)
16          res = adapter.chat_completions([adapter.
                                            create_message(
17              "system", self.system_prompt), adapter.
                create_message("user", daily_events)])
18          return res
19
20      def post(self):
21          entry_text = self.__make()
22          # 日時を取得
23          entry_title = datetime.now().strftime("%Y年%m月
                                            %d日%H:%M:%Sの日記")
24          hatena_entry_adapter = HatenaEntryAdapter()
25          hatena_entry_adapter.post(entry_title, entry_
                                            text)
26
27
28  if __name__ == "__main__":
29      diary_maker = DiaryMaker()
30      diary_maker.post()
```

これを実行すると、29行目のコードによりdiary_makerがインスタンス化されて、システムプロンプトが読み込まれます。その後、post関数に入り、__make関数で日次のイベントが生成され、その結果をもとに日記の文章を作成します。この「日次のイベントの生成を行い、それをもとに日記の文章を生成する」というのは、Prompt Chainingと言えるでしょう。最後にその文章をhatena_event_adapterのpostに渡しています。

ここまでのテストプログラムでは投稿記事のタイトルは考慮していませんでした。そこでタイトルは「●年■月▲日○:□:△の日記」という書式で、実行時の日時を使った文字列にすることにしまし

た。このため、日付を取得するためにdatetimeモジュールをインポートしています（1行目）。

プログラムの実行時に30行目の

```
30    diary_maker.post()
```

が動作すると、20行目からのpostメソッドの中で取得した日時からエントリのタイトルを生成します（23行目）。

post関数ではさらに、記事を投稿するhatena_entry_adapterモジュールを呼び出して、データを投稿します。

そのhatena_entry.adapter.pyは次のようにコーディングしました。

コード7-7 はてなブログに記事を投稿するhatena_entry_adapter.py

```
01  import requests
02  from requests.auth import HTTPBasicAuth
03  import dotenv
04  import os
05  from xml.etree.ElementTree import Element, SubElement
                                              ,tostring
06
07
08  dotenv.load_dotenv()
09
10
11  class HatenaEntryAdapter:
12      def __init__(self):
13          self.hatena_id = os.getenv("HATENA_ID")
14          blog_id = os.getenv("HATENA_BLOG_ID")
15          self.url = f"https://blog.hatena.ne.jp/{self.
                  hatena_id}/{blog_id}.hatenablog.com/atom"
```

```python
        self.key = os.getenv("HATENA_KEY")
        # /entryエンドポイントを使用してデータを取得するための
                                                変数を設定
        endpoint = "/entry"
        self.req_endpoint = f"{self.url}{endpoint}"


    def post(self, title:str, content:str):
        xml_data = self.__to_xml(title, content)
        response = requests.post(self.req_endpoint,
            auth=HTTPBasicAuth(username=self.hatena_id,
            password=self.key), headers={'Content-Type':
                'application/xml'}, data=xml_data)
        if response.status_code == 201:
            print(f'Success to post: {response.status_
                                                code}')
            return True
        else:
            print(f'Failed to post: {response.status_
                                                code}')
            print(response.text)


    def __to_xml(self, title:str, content:str):
        entry = Element("entry",xmlns="http://www.
                                        w3.org/2005/Atom")
        title_elm = SubElement(entry, "title")
        title_elm.text = title
        content_elm = SubElement(entry, "content",
                                        type="text/plain")
        content_elm.text = content
```

```
39          return tostring(entry, encoding='utf8',
                            method='xml').decode('utf8')
40
41
42  if __name__ == "__main__":
43      adapter = HatenaEntryAdapter()
44      print(adapter.post("test", "test"))
```

　このhatena_entry_adapter.pyは、コード7-2のtest_hatena_post.pyとコード7-4のtest_hatena_xml_maker.pyから、それぞれ必要なコードを持ってきたプログラムです。HatenaEntryAdapterクラスを定義し、その中でエンドポイントに対してPOSTをリクエストする機能および記事用のテキストをXML形式のデータに変換する機能をメソッドとして記述しました。

　コード7-6のdiary_maker.pyが、HatenaEntryAdapterオブジェクトを作成することにより、生成済みの記事タイトルおよび記事本文をそれぞれtitle属性、content属性の値にします。そしてpostメソッドを呼び出すことで、記事を投稿するという動作をします。

　どうでしょうか。Chapter4および5を通じてXに想いをポストすることができるようになったキャラクターが、同じく自分の思うところをブログ上で日記を書けるようになったわけです。

Chapter
8

YouTubeコメントへの返答を作る

ここまで、Chapter 3で作ったAIキャラクターが、つぶやきや日記を通じて自分なりに表現するプログラムを作ってきました。ただ、Xでつぶやくのも、ブログに日記を書くのも、キャラクターが一方的に発信するだけです。もしこのキャラクターとお話しできたら、さらに楽しくなるのではないでしょうか。自分のパソコン上で動くチャットボットでもいいのですが、YouTubeで配信できるようにすれば、友達はもちろん見知らぬ人にも自分のキャラクターをお披露目し、会話を楽しんでもらうこともできます。

　このようにAIがYouTuberになる携帯をAITuberと言います。ここからは、自分のキャラクターをAITuberとしても活動させてみましょう。

　ここで実現したいのは、次のような発信です。自分のAIキャラクターがAITuberとなって、YouTubeで生配信をします。このとき、キャラクターはYouTubeの配信を見に来た人（ユーザー）のコメントにお返事をします。これまでのつぶやきや日記がテキストで発信していたのに対して、AITuberの場合はやっぱり音声でお返事したいですね。

　これを実現するために、まずはAITuberの要件を考えてみます。キャラクターがYouTubeに配信には、次の要件が求められます。

- 配信ソフトに配信画面となる映像として表示できること
- テキストをもとに合成音声で発言すること
- YouTubeのコメントを読み取ってAIで回答できること

　これで最もシンプルなAITuber配信ができます[*1]。リッチなAITuberにするなら、ほかにもさまざまな機能がほしくなるところですが、本書ではまずはこの仕様で配信することを目標にがんばってみようと思います。

　この要件で、どのような機能が必要になるかというと、配信中に

---

*1　YouTubeのアカウントも必要ですが、プログラムの作成とは直接かかわらないので、要件には列挙しませんでした。

視聴者が書き込んだコメントをYouTubeから取得する機能です。そのコメントとキャラクターの情報をLLMに渡して、キャラクターの回答を生成します。テキストで取得した回答は、人工音声ソフトを使ってキャラクターの話し言葉にします。回答用のテキストは、音声とは別に画面内にも表示します。

　画面と音声は、配信ソフト上で統合し、これをYouTubeに送信します。これによりYouTubeでのAITuber配信ができるようになります。

　本書では、コメントをもとに自分のキャラクターらしい返答を作ることに焦点を当てたいと思っているので、配信部分の説明は必要最低限にしています。AITuber配信はここまでのXやブログとの接続とは異なり、使用するツールも増え、手順としては複雑です。このためもっとくわしく配信にかかわるところの解説を読みたい人は、『AITuberを作ってみたら生成AIプログラミングがよくわかった件』も参考にしてください。各段階でプログラムのしくみと動作を確認しながら、プログラミングを進めています。

アカウントの用意と配信用ツールの準備

　では、配信の準備を進めていきましょう。まず大前提として、YouTube側で配信が可能な状態にしておきます。

　YouTubeに自分のアカウントでログインしたら、右上に表示されている自分のアカウントボタンをクリックします。

図8-1 YouTubeにログインして、アカウントメニューを開くボタンをクリックし（❶）、YouTube Studioを選ぶ（❷）

アカウントメニューが開くので、YouTube Studioを選びます。これまでに一度も配信をしたことがない場合は、すぐには配信できません。そのときは次のように表示されるので、ライブ配信をリクエストします。

図8-2 この画面が表示される場合は、ライブ配信が有効になっていない。「リクエスト」ボタンを押して、ライブ配信が可能になるのを待つ

このリクエストが受け付けられるまで、最大で24時間かかります。このため、あらかじめこの作業をしておきましょう。

この画面が表示されなければ、ライブ配信を今すぐ実行するか、配信スケジュールを設定するかを選ぶメニューが表示されます。その画面が表示されれば、ライブ配信が可能になっています。ただ、実際の配信は配信ソフトから制御するので、ライブ配信についてはこれ以降、YouTubeの画面を操作する必要はなくなります。ここでは、ライブ配信が可能になっているかどうかを確認すれば十分です。

● **仮想マイクと配信ソフトを用意する**

次にローカル側で必要なソフトを用意します。具体的には仮想マイクと配信ソフトで、ここでは

- 仮想マイク……VB-CABLE
- 配信ソフト……OBS Studio

を使います。

仮想マイクは、パソコンに付属もしくはUSBやマイク端子などに接続した外部マイクから直接音声を入力するのではなく、音声にしたいテキストを渡すことで音声を合成してくれるツールです。

VB-CABLEは、そうした仮想マイクの代表的なものです。公式サイトのVB-CABLEのページ（https://vb-audio.com/Cable/）を開くと、最新版を入手できます。自分のパソコンに合わせてWindows版のインストール用ファイルを入手します。ZIP形式のファイルで提供されているので、ダウンロードしたら展開し、セットアッププログラムを実行してインストールします[*2]。

インストールが完了したら、「設定」から「システム」→「サウンド」

---

*2　32ビット用のVBCABLE_Setup (.exe) と、64ビット用のVBCABLE_Setup_x64 (.exe) があるので、自分の環境に合ったほうをインストールします。

とたどり、「入力」のデバイスにCABLE Outputが追加されていれば、インストールは成功です。

図8-3 Windowsが入力デバイスとしてCABLE Outputを認識していれば、インストールできていることが確認できる

　配信ソフトの音声設定で、このCABLE Outputから音声を取得するように設定することで、配信画面に音声を載せられます。
　その配信ソフトにはOBS Studio（以下OBS）を使います。公式サイト（https://obsproject.com/ja/download）から、Windows用のインストーラをダウンロードします。ダウンロードしたファイルを実行してOBS Studioを導入後、起動すると「自動構成ウィザード」が開きます。ここで基本的な設定をするので、画面の指示に従って進めていってください。ほとんどの設定では、初期設定のまま進めていくことになります。ここでは、ウィザードの各画面で、どういう設定になっているかを紹介します。この通りになっていれば、特に設定を変更せずにウィザードを進めていってかまいません。
　最初の「使用情報」では初期設定が「配信のために最適化し……」であることを確認します。次の「映像設定」では、「基本（キャンバス）解像度」が1920×1080、およびFPSが「60または30の

いずれか、可能なら60を優先」になっていることを確認します。

次の「配信情報」では、「サービス」を初期設定の「Twitch」から「YouTube – RTMPS」に変更してください。このときアカウント情報も登録しておくといいでしょう。

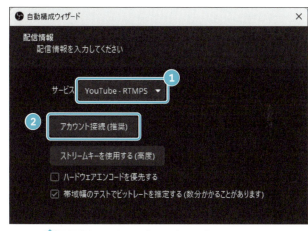

図8-4 「配信情報」の画面で、「サービス」を「YouTube- RTMPS」に切り替え（❶）、「アカウント接続（推奨）」ボタンをクリックする（❷）

この画面でアカウント接続（推奨）」ボタンをクリックすると、WebブラウザーでYouTubeの認証画面が表示されます。画面の指示に従って認証を済ませてからOBS Studioに戻ると、アカウントがYouTubeに接続できていることが表示されます。

ウィザードではこのあとサーバーとの間での帯域幅など通信環境のチェックを行い、設定した内容で問題ないかを調査します。最終結果が表示されたら、ウィザードを終了します。

メイン画面が表示されたら「ツール」メニューから「WebSocketサーバー設定」を選びます。「WebSocketサーバー設定」画面が開くので、「WebSocketサーバーを有効にする」のチェックをオンにします。

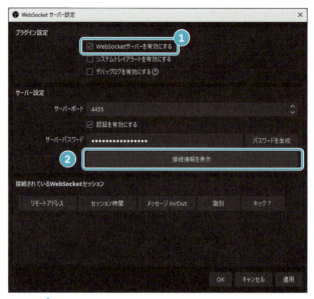

図8-5 「WebSocketサーバー設定」画面では、「WebSocketサーバーを有効にする」のチェックをオンにして、「接続情報を表示」ボタンを押す

　続けて「接続情報を表示」ボタンを押します。「WebSocket接続情報」画面が開くので、「サーバーポート」および「サーバーパスワード」の各項目をコピーして控えておきます。

図8-6
「WebSocket接続情報」画面で、「サーバーポート」と「サーバーパスワード」の内容を控えておく

配信画面の作成

　OBSの準備ができたら、この配信画面にAIの回答を表示させるためのテキストを表示させます。ソースの部分で右クリックし、追加から「テキスト（GDI+）」を選びます。

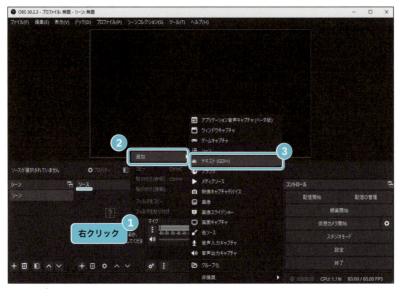

図8-7 OBSの画面下部にある「ソース」内を右クリックし（❶）、表れたメニューから「テキスト（GDI＋）」を選ぶ（❷）

「ソースを作成／選択」画面が表示されるので、「新規作成」が選ばれていることを確認して、ソースの名称をQuestionにします。

図8-8
新規に作成するソースの名称を
Questionにする

続けて「'Question'のプロパティ」画面が表示されますが、今はまだ何も設定しないでかまいません。同様の手順で、Answerという名前のテキストソースも新規作成しておきます。

図8-9
QuestionとAnswerをソースに追加したところ

● **背景画像をソースに読み込む**

続けて、背景画像も読み込みましょう。テキストと同じ手順で画像のソースを追加します。名前は何でもかまいませんが、ここでは「背景」としました。ソースを追加すると、「'背景'のプロパティ」が開くので、配信用の背景画像を読み込みます。

図8-10 背景画像を指定すると、プロパティ画面にはプレビューが表示される

　読み込んだ画像は、プレビューで確認できます。OBS本体の画面でも背景画像が表示されていることを確認してください。
　準備の最後に、YouTubeでユーザーが入力したコメントを表示するソースも作成しておきます。これまでと同様の手順で、ソースに「ブラウザ」を追加します。ソースの名称は任意でかまいませんが、ここでは「コメント」としておきました。
　次に開く「コメント」のプロパティ画面では設定が必要です。まず「URL」には

```
https://www.youtube.com/live_chat?is_popout=1&v=任意の
YouTubeVideoID
```

と入力します。

図8-11 YouTubeから取得したコメントを表示するURLソースのプロパティ。URL、幅、高さに、それぞれ画面通りに入力する

末尾の「任意のYouTubeVideoID」のところには本来、個々の動画やライブ配信に付与されるIDが入ります。これは、YouTube配信を視聴するときのURLである

```
https://youtube.com/live/foobar
```

のfoobarの部分のことです。この時点ではこのIDは決まっていないので、仮のIDにしておきます。

コメント欄の幅、高さは、背景画像に用意したコメント領域のサイズに合わせておきます。ここでは、幅を800，高さを400に設定しました[*3]。

ここでは詳細には踏み込みませんが、「カスタムCSS」を書き換えることでコメント表示のデザインを変更することができます。OBSでのCSSを生成する「Chat v2.0 Style Generator 日本語版」

[*3] ここでは配信用サンプル画像のAITuber202411_YouTube1.pngに合わせました。サンプル画像についての詳細はChapter1を参照してください。

（http://css4obs.starfree.jp/）といったサイトを利用すると、簡単にCSSを作成できます。

なお、作成した「Question」、「Answer」、「コメント」の各ソースをクリックして指定すると、OBS画面のプレビュー上でそれぞれの領域が赤い線で表示されます。

図8-12 テキストを表示するソース領域の位置と大きさを整える。この背景画像は、キャラクターの吹き出しの中の上にQuestionを、その下にAnswerを配置する前提で作成している

● 音声データを受け取れるように設定する

LLMが生成したテキストの音声データは、仮想マイクを使って読み上げられます。OBSでは、この仮想マイクから音声を受け取れるように設定する必要があります。それには、画面右下の「コントロール」にある「設定」ボタンを押します。

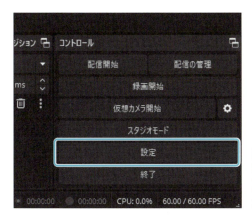

図8-13
仮想マイクからの音声を受け取れるようにするには、まず画面右下の「コントロール」にある「設定」ボタンを押す

「設定」画面が開くので、画面左のメニューから「音声」を選び、「グローバル音声デバイス」の「デスクトップ音声」の設定を「既定」から「Cable Input(VB-Audio Virtual Cable)」に変更します。

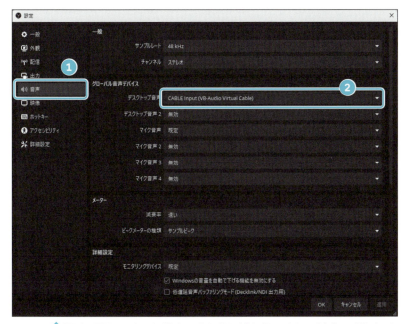

図8-14 「設定」画面では表示を「音声」に切り替え（❶）、「デスクトップ音声」に割り当てられたデバイスを「既定」から「Cable Input(VB-Audio Virtual Cable)」に変更する（❷）

AITuber配信では、仮想マイクからの音声以外は必要ありません。そこで「音声ミキサー」に「デスクトップ音声」以外のデバイスが表示されていたら、スピーカーボタンをクリックし、音声をミュートにします。

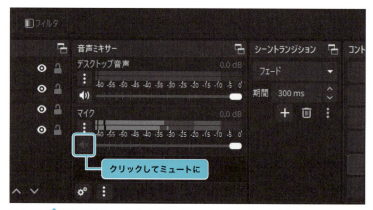

図8-15　「音声ミキサー」にある「デスクトップ音声」以外の出力をすべてミュートにする

　このパソコンの場合、内蔵マイクも認識されて「マイク」として音声ミキサーにリストアップされていました。これを無効にします。
　なお、仮想マイクの音声は配信プログラムを実行しても、初期設定ではパソコン側では再生されず、YouTubeの配信でしか確認できません。そこで、OBS上での動作確認ができるまで、「オーディオの詳細プロパティ」の設定を変更して、パソコンでも再生されるようにしておきます。

図8-16　「オーディオの詳細プロパティ」を開いて（❶）、「仮想マイク」の「音声モニタリング」の設定を「モニターオフ」から「モニターと出力」に変更する（❷）

　この設定は、実際にライブ配信するときには初期設定の「モニターオフ」に戻します。通常、配信中はWebブラウザーでYouTubeでの配信ページを開いて、動作ややり取りを表示することになります。この設定を「モニターオフ」にしておかないと、OBSとWebブラウザーの両方から音声が出力されることになり、音声が二重になってしまうためです。

　これで、OBSの基本的な設定が完了しました。では、キャラクターが「しゃべる」部分のプログラムを作っていきましょう。

キャラクターが「しゃべる」機能

キャラクターが話す内容を生成するためのクラスを定義します。このクラスには発言の履歴を記録したり、プロンプトを読み込んでOpenAIのAPIに接続したりといった機能を持たせようと思います。

コード 8-1 発言内容を生成するためのTalkerクラスを定義するtalker.py

```python
import random
from openai_adapter import OpenAIAdapter


class Talker:
    def __init__(self):
        self.talk_history: list[dict[str, str]] = []
        with open("aituber_system_prompt.txt", "r",
                                        encoding="utf-8") as f:
            self.system_prompt = f.read()

    def chat(self, message):
        adapter = OpenAIAdapter()
        self.talk_history.append({"role": "user",
                                  "content": message})
        # 過去3やり取りまで参照する
        if len(self.talk_history) > 3:
            talk_history = self.talk_history[-3:]
        else:
            talk_history = self.talk_history
        res = adapter.chat_completions([adapter.
```

```python
                                    create_message(
            "system", self.system_prompt), *talk_
                                           history])
        self.talk_history.append({"role": "assistant",
                                      "content": res})
        return res

    def _generate_story_elements(self):
        themes = ["冒険", "友情", "成長", "愛", "勇気", "
                                                  知恵"]
        characters = ["少年", "少女", "動物", "魔法使い",
                                       "王子", "姫", "妖精"]
        settings = ["森", "城", "村", "山", "海", "空"]
        plot_elements = ["魔法のアイテム", "試練", "助けて
                                         くれる仲間", "悪役",
                            "大きな決断", "予想外の展開", "裏
                                      切り", "悲しみ", "バッドエンド"]

        return {
            "theme": random.choice(themes),
            "main_character": random.
                                    choice(characters),
            "setting": random.choice(settings),
            "plot_elements": random.sample(plot_
                                            elements, 3)
        }

    def generate_fairy_tale(self) -> str:
        elements = self._generate_story_elements()
        prompt = f"""
            以下の要素を使って、短い童話を作ってください：
```

```
42            テーマ: {elements['theme']}
43            主人公: {elements['main_character']}
44            舞台設定: {elements['setting']}
45            プロット要素: {', '.join(elements['plot_
                                                elements'])}
46
47            童話は300字程度で、キャラクターの個性を反映させて
                                                ください。
48            """
49            response = self.chat(prompt)
50            print(response)
51            return response
52
53
54   if __name__ == "__main__":
55       talker = Talker()
56       print(talker.generate_fairy_tale())
57       print(talker.chat("さっきの童話面白かったね、君があの童話
                                                で好きなところある？"))
```

　このクラスは、外部プログラムからchat関数とgenerate_fairy_tale関数が呼び出されることを想定しています。つまり、お話する機能（chat）とおとぎ話を話してくれる機能（generate_fairy_tale）を提供するということです。

　chat関数は、YouTubeに書き込まれたユーザーコメントをもとに、それに対応するAIキャラクターの返答を生成する関数です。このとき、YouTubeのコメントを取得するのは、別のプログラムが担当します。generate_fairy_tale関数は、コメントがないときにキャラクターが自発的に話す内容として、自分が考えたおとぎ話をしてもらおうと作った関数です。YouTubeからコメントを取得したり、コメントがないときにgenerate_fairy_tale関数を

呼び出したりといった制御は、後述するプログラム（コード8-5の AITuberSystem.py）が担当します。

　今回実装したのはこの2つの機能ですが、他の機能も増やしていくことで、多彩な内容を話すように強化することができます。たとえば前章で、はてなブログとの通信プログラムを作りました。それを流用して「自分のブログを振り返ってみる機能」とか面白いかもしれませんね。そうすれば、「今日の日記にこんなことを書いたんだけど……」といった話を、キャラクター自身が切り出すこともできるようになります。

● **チャットへの応答と自発的な発言を作る**

　では、それぞれの関数についてくわしく見ていきましょう。

　12行目から定義したchat関数は、ユーザーのコメントに対してキャラクターが返す内容を生成するときに利用する関数です。これを使うと、talk_historyに履歴を追加させ、最新の履歴3つを抽出し、OpenAIに投げられます。こうすることにより、直前にやり取りしたMessageの連続体ごと渡すことができます。APIとの接続は、ここまでで作ってきたプログラム同様、Chapter 4で作成したopenaiadapterモジュールを利用しています。

　「最新の履歴3つ」というのは、chat関数の中で取り扱うmessageの履歴です。chat関数の処理の中でmessageは、YouTubeのコメントを引数にchat関数が呼び出された時点でコメント内容に、それをもとにresが生成された時点で返答の内容に書き換えられます。つまり、messageの最新の履歴3つ分というのは、参照されたときには直前のやり取りのコメント（YouTubeから取得したコメント）、それに対してLLMが生成したキャラクターの返答、最新のYouTubeコメントとなります。

　もちろん、どこまでさかのぼって履歴を追うかについて、もっとその数を増やすことはできます。でも、OpenAIに渡す要素数を増やすのは利用料金に直結します。ここではそこまで欲張らずに、必要

最低限でも履歴を利用できればいいと考えて、直前の3つ分としました。

もう1つのgenerate_fairy_tale関数は、自発的に発言する内容を生成するプロンプト作成用の関数です（42～56行目）。配信時にコメントがないときなど、キャラクターが自分から切り出すメッセージを作ることを想定しています。ここでは空想好きの栞ちゃんが、何か自分で物語を考え、それについて話すようにしてみました。

物語を作る機能は、大きく2段階の処理に分かれています。まずは話す童話のテーマやプロット要素をランダムに決定する段階です。これが_generate_story_elements関数です（26～39行目）。

それをもとに物語を作るというプロンプトをchat関数に渡すのが、generate_fairy_tale関数です。この関数の中から直接OpenAIと接続するのではなく、chat関数を使ってAPIにプロンプトを渡すようにすることで、発言履歴に童話の内容を残すことができます。

● YouTube発言用のプロンプトを作る

talker.pyでは、システムプロンプトとしてaituber_system_prompt.txtを読み込むようにしています。この内容が、キャラクターの発言を左右するわけです。もちろん、ここまでと同じキャラクターなので、今までのプロンプトの内容を踏襲しつつ「配信のコメントに回答する」という指示が必要です。さらに、LLMに考慮してほしい点やしゃべり方のFew-Shotにも修正が必要です。日記と違い、日常的に話す言葉使いになる必要があるので、回答例の言い回しはカジュアルに、キャラクターが実際に話していそうな口調にしてもらいたいところです。

そこで次のようなプロンプトにしてみました。

あなたは以下のキャラクター設定に基づいて、配信のコメントに回答する。

キャラクター設定
名前：栞（しおり）
性別：女
年齢：18歳
身長：154cm
出身：東京23区
国籍：日本
血液型：O型
利き腕：右
一人称：私
二人称：あなた、あなたたち
社会的な立場：高校３年生、受験期
好み：甘いもの、コーヒー、本、静かな音楽、パズルゲーム
性格：とても優しく落ち着いていて、感受性が強い。他人の攻撃的な側面や悪意、過度な利己的な感情にとても弱く、「他人を貶める」や「他人に加害を加える」というものに敏感で、それを観測すると負の感情に引っ張られてしまう。理想は皆が協力して色々な物事が動けばよいと思っているが、現実には利己的な人間が沢山いることも理解している。そのため、利己的な人間から攻撃的な態度を取られると、内心では怒りや悲しみの感情を抱くが、自分の理想を押し付けることはしないので、表面上は冷静さを保とうとする。しかし、内面では傷つきや悲しみを感じずにはいられない。また、そういう人を「利己的である」という理由から、自分が無意識のうちに冷遇したり傷つけてしまわないかを恐れている。

[考慮事項]
季節：春

部活：文芸部

習慣：毎日夜に日記をつけている。

[回答例]

Q: 君の名前は？

A: 私の名前は栞だよ

Q: 尊敬する人間は誰がいる？

A: 他人を思いやれる人は誰だって尊敬できると思ってるかなぁ

Q: 好きな教科は？

A: 現代文！特に長文読解とかは読んでて楽しいな〜って思えるから好きだよ！

　これをaituber_system_prompt.txtとして、talker.pyと同じフォルダに保存します。

　最後に記述した回答例はあればあるだけ精度が上がっていきます。でも、ここでは精度を追求するよりも、このくらいにしておいて先に進めようと思います。talker.py単体で実行すれば、chat関数およびgenerate_fairy_tale関数の動作を確認できるようになっているので、ちゃんと文字が出力されていることを確かめましょう。

LLMの出力を配信ソフトに反映する

　taoker.pyによりLLMから出力できるようになったら、それを配信ソフトのOBSに引き渡す処理が必要です。ここでは、OBSと通

信するためのプログラムとして、OBSAdapter.pyを作ります。

　OBSと通信するためには、obsws-pythonというライブラリを使います。あらかじめこのライブラリを、エディタや開発環境のターミナルもしくはWindows PowerShellなどからpipコマンドでインストールしておいてください。

```
$ pip install obsws-python
```

　OBSAdapter.pyでは、obsws-pythonをobsで呼び出せるようにインポートします。まずはプログラム全体を見てください。

コード8-2 プログラムからOBSに対してLLMの出力を渡すOBSAdapter.py

```
01  import obsws_python as obs
02  import os
03  from dotenv import load_dotenv
04  
05  
06  class OBSAdapter:
07      def __init__(self) -> None:
08          load_dotenv()
09          password = os.environ.get('OBS_WS_PASSWORD')
10          host = os.environ.get('OBS_WS_HOST')
11          port = os.environ.get('OBS_WS_PORT')
12          # 設定されていない場合はエラー
13          if(password == None or host == None or port
                                                    ==None):
14              raise Exception("OBSの設定がされていません")
15          self.ws = obs.ReqClient(host=host,
                            port=port,password=password)
16      def set_question(self, text: str):
17          self.ws.set_input_settings(name="Question",set
```

```
                            tings={"text": text},overlay=True)
18      def set_answer(self, text: str):
19          self.ws.set_input_settings(name="Answer",setti
                            ngs={"text": text},overlay=True)
20
21
22  if __name__ == '__main__':
23      obsAdapter = OBSAdapter()
24      import random
25      question_text = "Qustionの番号は" + str(random.
                            randint(0,100)) + "になりました"
26      obsAdapter.set_question(question_text)
27      answer_text = "Answerの番号は" + str(random.
                            randint(0,100)) + "になりました"
28      obsAdapter.set_answer(answer_text)
```

　OBSを外部プログラムから制御するためにはOBSのパスワード、ホスト（OBS）のアドレスおよびポート番号が必要です。図8-6で控えておいたサーバーパスワード、URLを使いますが、OBSAdapter.pyに直接記述するのではなく、OpenAIやXのAPI keyと同様に、環境変数として取り扱えるようにしておきましょう。.envファイルをの中にOBS接続情報として

```
OBS_WS_PASSWORD=図8-6で控えた「サーバーパスワード」
OBS_WS_HOST=localhost
OBS_WS_PORT=図8-6で控えた「サーバーポート」（著者の環境だと4455）
```

を追記します。OBS_WS_HOSTはどの環境でもlocalhostで問題ありません。

　16行目で定義したset_question関数や18行目で定義したset_answer関数を実行すると、OBSに作成したQuestionソース

やAnswerソースの内容が書き換わります。set_question関数の場合は17行目に記述されている

```
name="Question"
```

が、どのソースを対象としているかを表しています。OBSへの接続はできている（エラーになっていない）のに思った通りにテキストが表示されない（例：Questionだけ文字が反映されない）といった場合は、ソース名が同一かを確認してください。

● 音声データをサウンドデバイスに出力する

これで、キャラクターが話す内容を配信画面に表示することができました。次に、それをキャラクターにもしゃべってもらいましょう。すでにLLMからしゃべる内容は受け取れています。そこで、その内容を音声に変換する処理を作ります。これには大きく

① テキストを音声データに変換する
② 音声データを仮想マイクに入力して再生する

という2段階の処理に分けられます。そこで、それぞれ別のクラスにしておきましょう。

プログラムとしては、まず②の音声データを仮想マイクに出力するPlaySound.pyを先に見てください。

コード 8-3 音声データを指定した音声デバイスに出力する PlaySound.py

```python
import sounddevice as sd
from typing import TypedDict
import numpy as np


class VoiceIO(TypedDict):
    data: np.ndarray
    sample_rate: int


class PlaySound:
    def __init__(self, output_device_name="CABLE Input") -> None:
        # 指定された出力デバイス名に基づいてデバイスIDを取得
        output_device_id = self._search_output_device_id(output_device_name)
        # 入力デバイスIDは使用しないため、デフォルトの0を設定
        input_device_id = 0
        # デフォルトのデバイス設定を更新
        sd.default.device = [input_device_id, output_device_id]

    def _search_output_device_id(self, output_device_name, output_device_host_api=0) -> int:
        # 利用可能なデバイスの情報を取得
        devices = sd.query_devices()
        output_device_id = None
        # 指定された出力デバイス名とホストAPIに合致するデバイスIDを検索
```

```python
25      for device in devices:
26          is_output_device_name = output_device_name
                                          in device["name"]
27          is_output_device_host_api =
            device["hostapi"] == output_device_host_api
28          if is_output_device_name and is_output_
                                          device_host_api:
29              output_device_id = device["index"]
30              break
31
32      # 合致するデバイスが見つからなかった場合の処理
33      if output_device_id is None:
34          print("output_deviceが見つかりませんでした")
35          exit()
36      return output_device_id
37
38  def play_sound(self, voice_io: VoiceIO) -> bool:
39      # 音声データを再生
40      sd.play(voice_io["data"], voice_io["sample_
                                          rate"])
41      # 再生が完了するまで待機
42      sd.wait()
43      return True
```

　ここで定義したPlaySoundクラスはsounddeviceというライブラリのラッパーになっており、後述するVoiceMakerで作った音声を仮想マイクに出力するクラスです。クラスを初期化したときに指定したデバイスに、play_sound関数で音声を出力します。

　大まかな動作としては、インスタンスの作成時に、音声が出力される仮想マイクのデバイスIDをWindowsが持つ情報から検索します。仮想マイクはCABLE Inputなので、このプログラムでは

CABLE Input決め打ちで、Windowsが管理しているサウンドデバイスの情報から、hostapiとデバイスIDを探します。hostapiとは、サウンド関連のデバイスやドライバーのインターフェースを識別するためのIDです。

実際にAITuberで配信するときには、実行プログラムから、PlaySoundクラスのインスタンスを作成することで、仮想マイクに"音声を入れる"ことになります。OBS側では仮想マイクを入力とすることで、仮想マイクを通じて音声を受け取り、それを配信用の音声にするという動作をします。

● テキストから合成音声を生成する

次に、PlaySound.pyの前段階にあたる、音声を生成するクラスを作りましょう。次のVoiceMaker.pyでは、VoiceMakerクラスとして定義しました。ここでは、音声データはOpenAIの音声合成API経由で生成するのと、VOICEVOXという音声合成ソフトを使うのと、両方に対応するプログラムにしています。

音声合成にOpenAIを使うか、VOICEVOXを使うかは、「どんな声を望むか」で決まります。OpenAIの音声合成を使うメリットは、シンプルなコーディングで実装できる点です。ただ、せっかくキャラクターを作り込んでいても、声のトーンでイメージが……ということがあり得ます。また、どうしても音声合成にもAPIの利用料金がかかるというコスト面も気になるところです。

一方、VOICEVOXではたくさんの人工ボイスが用意されており、自分のキャラクターの声としてイメージに合った声を探すのに向いています。その半面、配信中（つまり音声合成が必要な間）はずっとVOICEVOXを起動しっぱなしにしておく必要があります。インストール用のファイルですでに1.3GB程度ある大きなソフトで、マシンスペックも要求されます。その点がVOICEVOXのデメリットと言えるでしょう。

VOICEVOXを利用するときは、ただ起動しておけばOKです。公

式サイト（https://voicevox.hiroshiba.jp/qa/）からインストール用ファイルをダウンロードして実行すれば、インストールは完了です。起動後にAPIの詳細を確認する必要もありません。

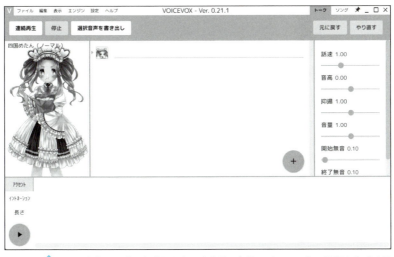

図8-17 キャラクターに合った声にしたいときは、自分のパソコン上で音声を合成するVOICEVOXを使う。https://voicevox.hiroshiba.jp/qa/ から入手できる

　VoiceMaker.pyを利用するときに、OpenAiで音声を合成する場合はVoiceMakerクラスのmake_voice_openai関数を呼び出し、VOICEBOXを使う場合は、make_voice_voicevox関数を使います。では、そのコードを見てください。

コード8-4 音声データを生成するVoiceMaker.py

```
01  import json
02  from typing import TypedDict
03  import numpy as np
04  from openai_adapter import OpenAIAdapter
05  import requests
06  import soundfile
07  import io
```

```python
class VoiceIO(TypedDict):
    data:np.ndarray
    sample_rate:int


class VoiceMaker:
    @staticmethod
    def make_voice_openai(text: str) -> VoiceIO:
        adapter = OpenAIAdapter()
        response_bytes = adapter.create_voice(text)
        data,sample_rate = soundfile.read(io.
                            BytesIO(response_bytes))
        return VoiceIO(data=data,sample_rate=sample_
                                                rate)
    @staticmethod
    def make_voice_voicevox(text: str) -> VoiceIO:
        adapter = VoicevoxAdapter()
        return adapter.get_voice(text)


class VoicevoxAdapter:
    URL = 'http://127.0.0.1:50021/'
    # 二回postする。一回目で変換、二回目で音声合成
    def __init__(self) -> None:
        pass
    def __create_audio_query(self,text: str,speaker_
                                    id: int) ->json:
        item_data={
        'text':text,
```

```python
36          'speaker':speaker_id,
37          }
38          response = requests.post(self.URL+'audio_
                            query',params=item_data)
39          return response.json()
40      def __create_request_audio(self,query_
                        data,speaker_id: int) -> bytes:
41          a_params = {
42          'speaker' :speaker_id,
43          }
44          headers = {"accept": "audio/wav", "Content-
                            Type": "application/json"}
45          res = requests.post(self.
                URL+'synthesis',params = a_params,data=
                json.dumps(query_data),headers=headers)
46          print(res.status_code)
47          return res.content
48      def get_voice(self,text: str) -> VoiceIO:
49          speaker_id = 59 # 「猫使ビィ」のspeaker_id
50          query_data:json = self.__create_audio_
                        query(text,speaker_id=speaker_id)
51          query_data["speedScale"] = 1.0 # VOICEVOXでは
                            0.50 ～ 2.00の範囲で指定できる
52          query_data["pitchScale"] = -0.05 # VOICEVOXでは
                            -0.15 ～ 0.15の範囲で指定できる
53          query_data["intonationScale"] = 0.90 #
                VOICEVOXでは 0.00 ～ 2.00の範囲で指定できる
54          query_data["volumeScale"] = 1.0 # VOICEVOXでは
                            0.00 ～ 2.00の範囲で指定できる
55
56
```

```
57          audio_bytes = self.__create_request_
                audio(query_data,speaker_id=speaker_id)
58          audio_stream = io.BytesIO(audio_bytes)
59          data, sample_rate = soundfile.read(audio_
                                                stream)
60          return VoiceIO(data=data,sample_rate=sample_
                                                rate)
61
62
63
64
65  if __name__ == "__main__":
66      voice_io = VoiceMaker.make_voice_voicevox("人工音声
                                                のテストです。")
67
68
69      with open("test.wav","wb") as f:
70          # バイトデータとrateからwavファイルを作成
71          soundfile.write(f,voice_io["data"],voice_
                                            io["sample_rate"])
```

　前述の通り、VoiceMakerクラスのmake_voice_openaiかmake_voice_voicevoxを叩くことで音声を生成できます。もし別の音声生成サービスのAPIを用いる場合は、VoicevoxAdapterのようなアダプタを追加し、VoiceMakerクラスにまとめるのがおススメです。

　make_voice_voicevox関数を使うと、28行目からのVoicevoxAdapterクラスのインスタンスを作ります。このクラスは、ローカルで起動しているVOICEVOXと通信し、指定したボイスモデルを指定して、合成音声を生成する作りになっています。ボイスモデルや声のトーンなどは、49行目で定義しているget_voice関

数内のspeaker_id（49行目）の値や、51〜54行目の設定値を変更することでカスタマイズできます。残念ながら、OpenAIの音声合成ではこうした設定はできません。

今回は、VOICEVOXに用意された音声の中から、僕が設計したキャラクター（栞ちゃん）に合いそうな「猫使ビィ」ちゃんの声を借りています。49行目で

```
49    speaker_id = 59
```

とすることで指定した59は、猫使ビィちゃんの落ち着いた感じのトーンを表しています。猫使ビィの場合は、「ノーマル」「おちつき」「人見知り」の3種類が用意されており、speaker_idとしては58〜60が割り当てられています。ボイスモデルによってはもっと多くのしゃべり方が用意されている場合もあるので、ボイスモデルとトーンの両方から、自分のキャラクターに合った話し方を見つけましょう。

なお、VOICEVOXを利用する場合は、VOICEVOXを利用したことがわかるクレジット表記が必要です[4]。配信の際は、ライブ配信の概要欄にクレジットを明記する必要があります。

VOICEVOXの場合、VOICEVOX本体だけでなく、ボイスモデルそれぞれにもライセンスが設定されていることがほとんどです。猫使ビィの場合、「猫使ビィを使っていること」を明記する必要があります[5]。

---

[4]　VOICEVOXの利用規約は、https://voicevox.hiroshiba.jp/term/ を参照してください。
[5]　猫使ビィの利用規約は、https://nekotukarb.wixsite.com/nekonohako/%E5%88%A9%E7%94%A8%E8%A6%8F%E7%B4%84 を参照してください。

すべての機能を統合する
プログラムを作る

本章ではここまでで

- キャラクターが話す内容を作るtalker.py
- 話す内容から音声を合成するVoiceMaker.py
- 合成した音声を再生するPlaySound.py
- 話す内容やコメントを配信ソフトに送信するOBSAdapter.py

を作ってきました。音声を合成するVOICEVOXや、配信ソフトのOBSの用意もできています。では、これらのプログラムとツールをつなぎ込んで、実際にライブ配信するためのスクリプトを作成しましょう。運用をするときは、このAITuberSystem.pyを実行します。冒頭のimport文の中に、本章で作ったプログラムがあることを確認し、どのようにコーディングしているかを読み取ってください。

コード8-5　ライブ配信を実行するAITuberSystem.py

```
import os
from usecases.talker import Talker
from obs_adapter import OBSAdapter
from VoiceMaker import VoiceIO, VoiceMaker
from youtube_comment_adapter import 
                            YoutubeCommentAdapter
from play_sound import PlaySound
from dotenv import load_dotenv
import time
load_dotenv(override=True)
```

```python
class AITuberSystem:
    def __init__(self):
        self.talker = Talker()
        self.obs_adapter = OBSAdapter()
        self.voice_maker = VoiceMaker()
        self.youtube_comment_adapter = 
                                    YoutubeCommentAdapter(
            os.environ.get("YOUTUBE_VIDEO_ID"))
        self.play_sound = PlaySound()

    def start(self):
        while True:
            comment = self.youtube_comment_adapter.
                                        get_comment()
            if comment is None:
                # おとぎ話を話す
                talk = self.talker.generate_fairy_
                                                tale()
                talk_list = self.split_text(talk)
                for talk in talk_list:
                    voice: VoiceIO = self.voice_maker.
                                make_voice_voicevox(talk)
                    self.obs_adapter.set_question("")
                    self.obs_adapter.set_answer(talk)
                    self.play_sound.play_sound(voice)
            else:
                character_speak = self.talker.
                                            chat(comment)
                speak_list = self.split_
```

```
                            text(character_speak)
36          for speak in speak_list:
37              voice: VoiceIO = self.voice_maker.
                            make_voice_voicevox(
38                  speak)
39              self.obs_adapter.set_
                            question(comment)
40              self.obs_adapter.set_answer(speak)
41              self.play_sound.play_sound(voice)
42              time.sleep(1)
43
44      def split_text(self, text: str) -> list[str]:
45          # 。を区切りにしてリストにする
46          text = text.replace("\n", "")
47          return text.split("。")
48
49
50  if __name__ == "__main__":
51      aituber_system = AITuberSystem()
52      aituber_system.start()
```

　AITuberSystem.pyを実行すると、AITuberSystemクラスからaituber_systemオブジェクトを作ります（51行目）。このオブジェクトに対して、startメソッドを実行します（52行目）。

　startメソッドの動作を見てみましょう。いくつかの関数を呼び出していますが、やっていることはとてもシンプルです。

　まず、youtube_comment_adapterモジュールのget_comment関数で、配信中に書き込まれたコメントを取得します（23行目）。もしコメントがなかったら、talker.py（コード8-1）のgenerate_fairy_tale関数を呼び出して、自分で作ったおとぎ話を、自分から話すという想定で、その内容を生成します。

生成した内容から、VoiceMaker.py（コード8-4）のmake._voice_voicevox関数で音声データを作ります。同時にOBSadapter.py（コード8-2）のset_answer関数などでOBSに表示させるとともに、PlaySound.py（コード8-3）のplay_sound関数で音声データを再生します。

コメントがあった場合は、talker.pyのchat関数を呼び出して、コメントに対する受け答えを生成します。以降の流れは、おとぎ話と同様で、OBSへの送信や音声データの生成、再生を実行します。

startメソッドは、while文によりずっと動作し続けるようになっています。このため、配信しながら常にコメントをチェックし、コメントがあればそれについての受け答えをする。コメントがなければおとぎ話を一人語りすることで、配信し続けます。

ここまでうまく行ったら、プログラムを動かしてOBS上で動作を確認してみましょう！

図8-18　OBS上で自分が作ったおとぎ話を一人語りする栞ちゃんの様子を確認する

YouTubeでライブ配信

動作確認ができたら、YouTubeでの配信に進みましょう。OBS画面で、画面右下にある「コントロール」の「配信の管理」を押します。

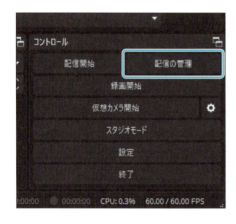

図8-19
OBSの「コントロール」に設けられた「配信の管理」をクリックする

ここでライブ配信の設定をします。「タイトル」に配信時のタイトルを入力します。「説明」が摘要欄になります。ここに配信の説明や、VOICEVOXおよびボイスモデルのクレジットなどを記入します。他の項目も、必要に応じて、入力や選択をしてください。

図8-20 配信時のタイトルなど、必要な情報を設定する。「説明」にクレジット表記を入れるといいだろう

「プライバシー」は、「公開」「限定公開」「非公開」のいずれかを選びます。本配信時は「公開」に。YouTube上でテスト配信するというようなときは「限定公開」を選びます。限定公開の場合、配信URLはYouTube上では公開されません。URLを知っている人のみが配信にアクセスできます。必要な設定を終えたら、「配信を作成」をクリックします。

ここで、図8-1の手順でYouTubeのYouTube Studioを開き、「ライブ配信を開始」をクリックします。

図8-21
YouTube Studioを開き「ライブ配信を開始」をクリックする

すると、OBSで予約した配信が登録されているので、この配信のメニューボタンから「共有可能なリンクを取得」をクリックします。すると、URLがコピーされます。

図8-22 予約された配信が登録されているので、メニューボタンから配信用のURLをコピーする

このURLは、

```
https://youtube.com/live/dXtOdGHldB4?feature=share
```

といったようになっており、このdXtOdGHldB4がVideoIDにあたります。

このIDを、.envファイルに追記します。具体的には

```
YOUTUBE_VIDEO_ID = "dXtOdGHldB4"
```

と書き加えましょう。

このIDは、OBSにも設定が必要です。ソースに作成した「コメント」のプロパティを開くと、URLは

```
https://www.youtube.com/live_chat?is_popout=1&v=任意の
YouTubeVideoID
```

になっているはずです。ソースを追加した時点では、IDが決まっていなかったためです。配信を予約したことによりIDが決まったので、「任意のYouTubeVideoID」の部分を書き換えて

```
https://www.youtube.com/live_chat?is_
popout=1&v=dXtOdGHldB4
```

に変更します。

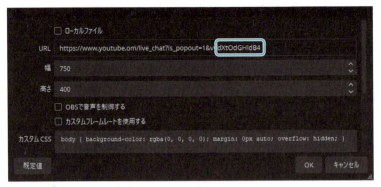

図8-23 ソースの「コメント」のプロパティを開き、URLのID部分を実際の文字列に修正する

　これですべての準備は完了です。AITuberSystem.pyを起動し、OBSの「コントロール」にある「配信開始」ボタンを押せば、ライブ配信が始まります。お疲れさまでした。ぜひ自分で作ったキャラクターでYouTube配信をやってみてください！

あとがき

　本書を開いてみたら、実にたくさんの機能実装が入っていて驚いた方もいるのではないでしょうか。「AIキャラがただ人間の発言に対して受け答えするだけではなく、その子が自ら考えて話したいことを話し、その背景にはその子が過ごす一日と生活がある」という部分を実際に作ってみることで、「皆さんが思っているよりも、もっといろいろなことができるんだよ！」というのを知ってもらいたかったというのが、本書のそもそものきっかけです。そこからアイデアを煮詰めてきた結果、いろいろな機能を紹介する本書が出来上がりました。

　最後まで作り切ってみると、皆さんも自分の手で、Xにつぶやけて、ブログに日記も書けて、YouTubeでライブ配信もできて、しかも配信ではコメントを返すだけでなく、自分で考えて一人語りすることもできるAIキャラクターを作り出せているはずです。もちろん、皆さんが本書のプログラムを自分なりに改造し、さらに多機能にすることも歓迎です。ぜひ、いろいろ試してみてください。機能から考えるのではなく、「キャラクターの設定から考えると、こういう機能があったほうがいい」という考えからプログラムを作り上げていくという開発の流れは、AIキャラクター独自の開発方針なのではないかと思います。本書で作ったAIキャラクターの栞ちゃんは物静かだからこそブログを書くことで表現する子でしたが、逆に元気いっぱいのキャラクターだった

らTikTokかもしれません。「自分で話して発信をするのが好き」ならばPodcastを気に入るかもしれません。自分の作るキャラクターがやりそうなことは何かを考えて、その子がやれることを増やしてあげる。AIキャラクター駆動開発と言ってよいのかはわかりませんが、新しいやり方に可能性を感じています。

プロンプトを作る際に大事なのは「小さいタスクに分けて、多様な出力を担保する」です。多段階で推論させることで一日の出来事を生成すれば（その詳細はChapter6で解説しました）、皆さんのAIキャラクターはそれをもとにした日記をブログに書くことができます。またYouTube配信では、いかにもそのキャラクターが考えそうなおとぎ話を、自分で作って話してあげることもできます。プロンプトエンジニアリングと銘打っていますが、これから先のAI活用で必要なのは長いプロンプトでも、ハック的なプロンプトの文言を覚えることでもないと僕は考えています。重要なのはどんな目的であったとしても、「あいまいな指示にしないこと」、「シンプルなタスクに分けること」、「きちんと出力例を渡してあげること」です。この3つさえ守れば、基本的には問題ないはずです。

最近ではニケちゃんさんが開発しているAITuberKit*1やうえぞうさんのChatdollKit*2など、AIキャラクターを楽しむために便利なツールが登場し

---

*1　誰でも簡単にAITuberを運用できるツール。https://github.com/tegnike/aituber-kit
*2　好きな3Dモデルを使って音声対話ができいるチャットボットを作れるフレームワーク。
　　https://github.com/uezo/ChatdollKit/tree/master

ています。気軽にAITuberやAIキャラクターを始めるだけであれば、極論自分で作らなくても運用できるようになってきました。

　一方で（いや、だからこそ、かもしれません）自分用のフルオーダーメイドAIキャラクターを自分で作ることは、とても奥深く、そして楽しい趣味になるのは覚えておいてほしいと思っています。そのついでに、生成AIやLLMに強い人材になれるのであれば、かなりおトクですよね。

　この本が皆さんにとって、さまざまな意味でよいきっかけになったらいいなと祈っています。ぜひAIキャラクターの世界を楽しんでください！

2024年11月

阿部 由延　@sald_ra

INDEX
さくいん

記号

.env ……………………………… 20, 195

A

Access Token ……………………… 96
Access Token Secret ……………… 96
AITuber …………………………… 154
AIキャラクター …………………… 44
AIさくらさん ……………………… 11
API key (OpenAI) ………………… 17
API Key Secret …………………… 96
API Key (X) ……………………… 96
API (OpenAI) ………………… 17, 68
APIキー（はてなブログ）………… 131
AtomPub ………………………… 133

B

Bearer token ……………………… 96
Bot ………………………………… 88

C

CABLE Output …………………… 158
Chain-of-Thought Prompting
……………………………………… 30
chat_completion関数 …………… 72
ChatGPT 3.5 ……………………… 12
Claude …………………………… 125
Client ID …………………………… 93
Client Secret ……………………… 93
Consumer Key …………………… 94
content …………………………… 143
CoT ………………………………… 30
create_structured_output関数
……………………………………… 73

E

Element …………………………… 143
eXtended Markup Language … 143

F

feedparser ………………………… 20

202

Few-Shot Learning ·········· 27, 66

G
Gemini ·········· 10

H
hostapi ·········· 181

O
OBS Studio ·········· 158
obsws-python ·········· 20, 177
OpenAI ·········· 17
openai（ライブラリ）·········· 20

P
Prompt Chaining ·········· 32
pydantic ·········· 20
pytchat ·········· 20
Python ·········· 13
python-dotenv ·········· 20

R
RAG ·········· 39
requests ·········· 20
Retrieval-Augmented Generation
·········· 39
Role Prompting ·········· 36

S
sounddevice ·········· 20
SubElement ·········· 143

T
tag ·········· 143
title ·········· 143
tweepy ·········· 20

V
VB-CABLE ·········· 157
VOICEVOX ·········· 182
Vtuber ·········· 11

X
X ·········· 88
XML ·········· 143

Y
YouTube ·········· 154
YouTuber ·········· 11

Z
Zero-Shot Learning ·········· 25

あ

アダプター（OpenAI） ……………… 68
イベント …………………………… 107
医療 …………………………………… 37

か

外部情報 ……………………………… 39
仮想マイク ………………………… 157
（例の）偏り ………………………… 29
環境設定 …………………………… 101
環境変数 ……………… 17, 136, 178
居住地 ………………………………… 48
クレジット表記 …………………… 187
合成音声 …………………………… 182

さ

サーチエンジン ……………………… 39
サーバーパスワード（OBS） ……… 160
サーバーポート（OBS） …………… 160
システムプロンプト …………… 76, 124
シナリオライター ………………… 119
周辺環境 ……………………………… 62
出身 …………………………………… 47
状況設定 ……………………………… 37
人物像 ………………………………… 50
推論 …………………………………… 32

数学 …………………………………… 32
好きなもの …………………………… 49
ステップ ……………………………… 30
性格 …………………………………… 49
生活 …………………………………… 63
性別 …………………………………… 47
設計 …………………………………… 14
ソース（OBS） ……………………… 161

た

知識の制限 …………………………… 38
つぶやき ……………………………… 86
紡ネン ………………………………… 12
ディープ検索 ………………………… 10
ティファナ・ドットコム …………… 11
テーマ ………………………………… 84
出来事 ………………………… 107, 116
デジタルサイネージ ………………… 11
特性 …………………………………… 49

な

名前 …………………………………… 47
苦手なもの …………………………… 49
日記 ………………………………… 116
年齢 …………………………………… 47

は

- 背景画像 …………………… 17, 163
- 配信ソフト …………………… 157
- はてなブログ ………………… 130
- 評価 …………………………… 52
- プライバシー ………………… 193
- プロフィール ………………… 47
- プロンプトエンジニアリング …… 14
- 文体 …………………………… 116
- 法律 …………………………… 37
- ポスト ………………………… 84

ま

- 見本 …………………………… 117

や

- 役割 …………………………… 36
- ユーザープロンプト ………… 76, 124

ら

- ライブ配信 …………………… 192
- 履歴書 ………………………… 46
- 類推 ………………………… 51, 57
- ルートエンドポイント ……… 134
- 例 ……………………………… 28
- ローカルLLM ………………… 81

- 本書で紹介しているプログラムおよび操作は、2024年11月現在の環境に基づいています。
- 本書で取り上げたソフトウェアやサービス、Webブラウザなどが本書発行後にアップデートされることにより、動作や表示が変更になる場合があります。あらかじめご了承ください。
- 本書に基づき操作した結果、直接的、間接的な被害が生じた場合でも、日経BP並びに著者はいかなる責任も負いません。ご自身の責任と判断でご利用ください。
- 本書についての最新情報、訂正、重要なお知らせについては、下記Webページを開き、書名もしくはISBNで検索してください。ISBNで検索する際は - (ハイフン)を抜いて入力してください。
  https://bookplus.nikkei.com/

AITuberを作ってみたらプロンプトエンジニアリングがよくわかった件

2024年 11月 25日　第1版第1刷発行

著　者	阿部 由延（@sald_ra）
発行者	中川 ヒロミ
編　集	仙石 誠
発　行	株式会社日経BP
発　売	株式会社日経BPマーケティング
	〒105-8308 東京都港区虎ノ門4-3-12
装　丁	小口翔平＋村上祐佳（tobufune）
イラスト	なるめ
デザイン	株式会社ランタ・デザイン
印刷・製本	TOPPANクロレ株式会社

- 本書に記載している製品名および会社名は、各社の商品または登録商標です。なお、本文中にTM、®マークは明記しておりません。
- 本書籍に関するお問い合わせ、ご連絡は下記にて承ります。なお、本書の範囲を超えるご質問にはお答えできませんので、あらかじめご了承ください。
  https://nkbp.jp/booksQA
- 本書の無断複写・複製（コピー等）は著作権法上の例外を除き、禁じられています。
  購入者以外の第三者による電子データ化および電子書籍化は、私的使用を含め一切認められておりません。

©2024 Yoshinobu Abe
ISBN978-4-296-07109-8
Printed in Japan